事業者必携

入門図解 最新
独占禁止法・景表法・下請法のしくみ

KAI法律事務所
代表弁護士
奈良 恒則 監修

三修社

本書に関するお問い合わせについて
　本書の記述の正誤、内容に関するお問い合わせは、お手数ですが、小社あてに郵便・ファックス・メールでお願いします。お電話でのお問い合わせはお受けしておりません。内容によっては、ご質問をお受けしてから回答をご送付するまでに1週間から2週間程度を要する場合があります。
　なお、本書でとりあげていない事項や個別の案件についてのご相談、監修者紹介の可否については回答をさせていただくことができません。あらかじめご了承ください。

はじめに

　コンプライアンス（法令遵守）が重視される現代社会で、特に他の企業との取引にあたって、各企業は独占禁止法・景表法・下請法を理解した上で活動することが求められています。まず、各企業は独占禁止法・景表法・下請法に違反しないよう、取引の内容・方法などを吟味して活動することが必要です。たとえば、自社に利益になるとの理由で、他の企業とある協定を締結した場合、その協定が市場での競争を実質的に制限する内容であれば、独占禁止法違反が問題となります。また、大企業が中小企業に不当な要求をすれば下請法違反が、消費者に誤認される商品表示は景表法違反が問題となります。

　次に、独占禁止法・景表法・下請法を利用して、自社や自分自身を守ることも必要です。たとえば、独占禁止法違反・下請法違反の他の企業の行為に対しては、独占禁止法・下請法を利用し、金銭的な賠償請求や差止請求をしたり、違反行為を公正取引委員会に報告ができます。一方、景表法違反の企業の行為に対しては、景表法を利用し、消費者庁に報告ができます。報告を受けた公正取引委員会や消費者庁は、違反企業に排除措置命令などの制裁を発します。これらの法律を理解することで、企業の違法行為から身を守ることができるのです。

　本書では、企業の一員として取引に関わるときに知っておきたい独占禁止法・景表法・下請法のポイントを、何が違反行為となるのかを示しながら、はじめて独占禁止法・景表法・下請法を学ぶ人にもわかりやすく解説することを心がけました。また、具体的なケースや図表を豊富に用いて、実際の取引をイメージしながら学べるように配慮がなされています。また、審判請求の廃止などを定めた平成27年施行の独占禁止法改正など、直近の法改正を重点的に解説しています。

　本書が、企業活動を行う上で必要な独占禁止法・景表法・下請法に対する理解の一助になれば、監修者としてこれ以上の喜びはありません。

監修者代表　弁護士　奈良　恒則
監修者　弁護士　佐藤　量大
監修者　弁護士　髙橋　顕太郎

Contents

はじめに

第1章 独占禁止法の全体像

1 なぜ独占禁止法ができたのか　　　　　　　　　　　　10
2 独占禁止法は何を規制するのか　　　　　　　　　　　13
3 独占禁止法違反をどのように判断するのか　　　　　　17
4 独占禁止法の規制が除外される場合もある　　　　　　22

第2章 私的独占についての規制や不当な取引制限

1 私的独占について知っておこう　　　　　　　　　　　26
2 不当な取引制限について知っておこう　　　　　　　　38
3 不当な取引制限のパターンについて知っておこう　　　44
4 ハードコア・カルテルのパターンについて知っておこう　50
5 事業者団体規制について知っておこう　　　　　　　　57
6 その他どのような規制があるのか　　　　　　　　　　59

第3章 不公正な取引方法と制限

1 不公正な取引方法について知っておこう　　　　　　　62
2 共同の取引拒絶について知っておこう　　　　　　　　64
3 差別対価について知っておこう　　　　　　　　　　　67
4 不当廉売について知っておこう　　　　　　　　　　　69
5 再販売価格の拘束について知っておこう　　　　　　　73
6 優越的地位の濫用について知っておこう　　　　　　　76
7 単独の取引拒絶について知っておこう　　　　　　　　78

8　不当な顧客誘引について知っておこう	81
9　抱き合わせ販売等について知っておこう	83
10　排他条件付取引について知っておこう	85
11　拘束条件付取引について知っておこう	87
12　取引妨害や内部干渉について知っておこう	89
13　その他どんな行為が不公正な取引にあたるのか	91

第4章　企業結合についての規制

1　企業結合とはどのようなものなのか	94
2　企業結合をするための手続きについて知っておこう	96
3　企業結合規制というものがある	100
4　株式譲渡と独占禁止法の関係を知っておこう	105
5　合併等と独占禁止法の関係を知っておこう	107
6　その他、企業結合についてこんなことを知っておこう	109

第5章　独占禁止法違反と対策

1　取引と独占禁止法の関係について知っておこう	114
2　独占禁止法違反について知っておこう	124
3　不服を申し立てる手続きについて知っておこう	130
4　課徴金制度の運用について知っておこう	132
5　独占禁止法に違反しないために気をつけることは何か	138
6　公正取引委員会について知っておこう	144
7　独占禁止法の関連法と外国の法制度について知っておこう	146

第6章 景品表示法のしくみ

1. 景品表示法の全体像をおさえておこう　150
2. 景品類について知っておこう　153
3. 不当表示について知っておこう　161
4. 不当表示の具体的な規制内容について知っておこう　164
5. 不当表示の具体例を知っておこう　170
6. 事業者はどんな管理体制を構築しなければならないのか　172
7. 消費者庁や都道府県知事による措置について知っておこう　176
8. 課徴金制度について知っておこう　179
9. 不当な表示を行うとどんな問題が生じるのか　183
10. 企業はどのように対応したらよいのか　187

Column　消費者団体訴訟制度　194

第7章 下請法のしくみ

1. 下請法について知っておこう　196
2. どんな取引が対象になるのか　198
3. 親事業者にはどんな義務があるのか　201
4. 禁止行為や違反措置について知っておこう　204
5. 受領拒否について知っておこう　206
6. 支払遅延について知っておこう　210
7. 下請代金の減額は認められるのか　212
8. 返品の禁止について知っておこう　216
9. 買いたたきについて知っておこう　219
10. 購入・役務の利用強制について知っておこう　221

11	報復措置の禁止について知っておこう	223
12	有償支給原材料等の対価の早期決済の禁止について知っておこう	224
13	割引困難な手形の交付の禁止について知っておこう	226
14	不当な経済上の利益の提供要請の禁止について知っておこう	227
15	不当な給付内容の変更及び不当なやり直しの禁止について知っておこう	229

第8章　下請契約をめぐるその他の法律問題

1	建設業には下請法の適用がない	232
2	一括下請負の禁止について知っておこう	236
3	ガイドラインにはどのようなことが規定されているのか	238
4	独占禁止法の優越的地位の濫用との関係について知っておこう	243
5	契約書の作成について知っておこう	247
	書式　情報成果物の作成に関する発注書面	250
	書式　役務提供委託に関する発注書面	251
	書式　製造委託に関する発注書面	252
6	下請についてのトラブル救済機関はあるのか	253

Q & A

市場でのシェアが大きくなると、独占禁止法に違反する可能性が高くなると聞いたことがあります。実際にはどの程度のシェアを占めると、独占禁止法違反になるのでしょうか。　36

不当な取引制限を回避するにはどうしたらよいでしょうか。　55

官製談合防止法とはどんな法律なのでしょうか。　56

独占禁止法上、差別的取扱いも不公正な取引方法のひとつですが、どのような行為が差別的取扱いにあたるのでしょうか。	80
私の会社は国の行政機関から行政指導を受けました。行政指導に従って行動すると、独占禁止法に違反するのではないかと思うのですが、国の行政指導に従って行動した場合には、独占禁止法に違反することはないと考えてよいのでしょうか。	122
電気・ガス・水道といった公共事業分野への新規参入を促進する際に独占禁止法についての注意点を教えてください。	123
小企業の経営者です。事業活動の中で、大企業からの不当な要求をされることがあります。また、同業の大企業同士がカルテルを行っているという噂も耳にします。このような場合に、独占禁止法を活用できないものでしょうか。	140
会社の経営者です。私の会社は、Aという会社から商品を納入してもらい、消費者に対して販売しているのですが、先日、A社から「販売価格は○○円にしてください」との要求を受けました。このA社の要求は独占禁止法に違反しないのでしょうか。	141
私はゲームソフト販売店を経営しています。現在「X」というシリーズのゲームソフトが大人気です。ところがXを制作しているゲーム会社Aが、A社の不人気ゲームソフト「Y」と一緒でなければXを販売しないと言っています。A社の行為は独占禁止法に違反するのではないでしょうか。	142
会社の経営者です。先日、従業員たちが独占禁止法違反となる行為を行っていたことが判明しました。社内で対策を話し合っている段階です。独占禁止法違反となる行為をした場合、課徴金が課せられると聞いたのですが、どの程度の金額を支払う必要があるのでしょうか。	143
業界の事業者や事業者団体が作成している公正競争規約とはどんなものなのでしょうか。	182

第1章

独占禁止法の全体像

1 なぜ独占禁止法ができたのか

市場での競争と消費者の利益を守る

● どんな目的で制定されたのか

　独占禁止法は、競争原理の下で事業者が経済活動を行い、一般消費者の利益を確保し、国民経済の健全な発展を図ることを目的としています。

　事業者は経済活動を行う中で、お互いに競争をしています。競争の中では、多くの顧客を取り込めるよう事業者は努力をすることになります。たとえば、商品やサービスの価格を安くしたり、商品やサービスの質の向上を試みています。このように、事業者同士が市場の中で競争をすれば、商品の価格が低くなったり、質が向上するので、事業者同士の競争は商品やサービスを購入する消費者の利益につながります。

　しかし、事業者の行為によっては、市場での競争が失われてしまう場合もあります。たとえば、事業者同士が話し合って、商品の値段を決めてしまうと、価格競争が行われなくなってしまいます。

　たとえば、自動車を販売しているA社、B社、C社が話し合いをして、「自動車の価格はすべて500万円とする」という内容の協定を結ぶようなことがあると、自動車の価格競争が行われなくなってしまいます。自動車会社がA社、B社、C社の他にもあれば、消費者は500万円より安い自動車を買うことができます。しかし、自動車会社がA社、B社、C社の他になければ、消費者は500万円という高い価格の自動車を買わざるを得ません。

　当然ながら、「高い価格の商品を買わざるを得ない状況」は、消費者の利益になっている状況とはいえません。そのため、公正な競争を失わせるような事業者の行為を禁止し、消費者の利益を確保し、国民

経済の健全な発展を図るために独占禁止法が制定されました。

● どんな構造になっているのか

独占禁止法は、主に「私的独占」「不当な取引制限」「不公正な取引方法」という3つの行為を規制しています。

私的独占とは、他の事業者を市場から排除したり、他の事業者を支配することで市場での競争を制限することをいいます。

不当な取引制限とは、他の事業者と協力して市場での競争を制限する行為のことをいいます。いわゆるカルテル（46ページ）は不当な取引制限に該当します。

不公正な取引方法とは、公正な競争を阻害するおそれのある行為のことをいいます。具体的には、不当廉売（69ページ）や優越的地位の濫用（76ページ）などがあります。個別の手段については独占禁止法で規定されているものと、公正取引委員会（144ページ）によって指定されているものがあります。

また、独占禁止法は、競争を制限することになる企業結合（合併や事業譲渡など、企業間がお互いの利益のためにさまざまな形態で結びつくこと）も規制しています。市場で競争している事業者同士が合併

■ 独占禁止法の全体像

企業間の健全な競争 → 商品の質やサービスの向上

不当な独占 → 消費者や社会にとって悪影響

↑
独占禁止法の規制で
消費者の利益を守る！

(94、96ページ)や事業譲渡（95、99ページ）、役員の兼任といった方法で結びつきを強めてしまうと、事業支配力が集中して市場での競争が失われてしまいます。そのため、一定の取引分野の競争を実質的に制限する企業結合が独占禁止法によって禁止されています。

　独占禁止法を運用している国の機関は、内閣府に設置されている公正取引委員会です。公正取引委員会は、独占禁止法に違反していることが疑われる事業者を調査して、独占禁止法違反の事案についての刑事告発（検事総長に告発して刑事事件とすること）を行うことができます。

　公正取引委員会は、刑事告発をすること以外にも、独占禁止法に違反している事業者に対して、独占禁止法違反となっている行為を止めることなどの措置を命令する（排除措置命令）ことや、課徴金の納付を命令する（課徴金納付命令）ことを自ら行うこともできます。

■ **公正取引委員会の役割**

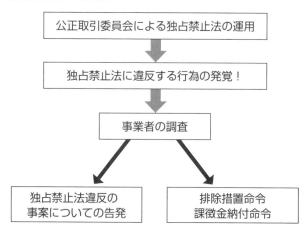

2 独占禁止法は何を規制するのか

企業の合併も規制される場合がある

● どんな規制があるのか

　独占禁止法は、事業者間の公正かつ自由な競争を失わせるような行為をすることを制限しています。前述したように、事業者間の競争を失わせる行為のうち、独占禁止法は主に私的独占、不当な取引制限、不公正な取引方法の3つの行為を規制しており、これら3つに対する規制が、独占禁止法の中心的な規定になります。

① **私的独占**

　他の事業者を排除・支配することによって市場での競争を失わせることをいいます。たとえば、パチンコの製造のために必要不可欠な部品を製造しているパチンコ製造業者が、パチンコ製造事業への新規参入事業者に対して当該部品の供給を拒否する行為は私的独占に該当します。パチンコの製造に必要不可欠な部品の供給をしないことで、新規参入事業者を「排除」しているからです。

② **不当な取引制限**

　他の事業者と協力することで、人為的に市場での競争を失わせることをいいます。たとえば、A社とB社が商品の価格を100円前後に設定して競争していたが、A社とB社との間での話し合いの結果、商品の価格を200円に設定したとします。他にこの商品を販売している事業者がいれば、消費者はその事業者から商品を購入することができますが、その商品を販売しているのがA社とB社だけだとすると、消費者は高い200円の商品を買わざるを得ません。このようなA社とB社の行為が不当な取引制限になります。カルテル（46ページ）や入札談合（44ページ）は不当な取引制限に該当する代表的な例です。

第1章　独占禁止法の全体像

③ 不公正な取引方法

　自由競争を失わせる手段として独占禁止法で規定されていたり、公正取引委員会が指定しているものをいいます。たとえば、自分が相手の事業者よりも強い立場にあることを利用して相手の事業者に無理な要求をする優越的地位の濫用、商品を不当に安い価格で販売して同業他社を困らせる不当廉売（69ページ）、人気のある商品に人気のない商品を合わせて一つの商品として販売する抱き合わせ販売、自社とだけ取引をして同業他社との取引をしないことを条件に取引を行う排他条件付取引（85ページ）などが不公正な取引方法に該当します。

● 立場の弱い者は保護される

　独占禁止法には、立場の弱い者を保護する規定があります。

　たとえば、優越的地位の濫用の禁止は、立場の弱い中小の事業者を主に保護するための規定です。優越的地位の濫用とは、自分より弱い立場にある事業者に対して不利益なことを強要することをいいます。優越的地位の濫用に該当する事例としては、大手のデパートを主要な取引先としている業者に対して、大手のデパートが自社の商品券を購入するよう強要することが挙げられます。主要な取引先である大手デパートの要求を断りづらいという業者の立場を悪用しているので、大手デパートの行為が優越的地位の濫用になります。

　抱き合わせ販売も立場の弱い消費者を主に保護するための規定です。抱き合わせ販売とは、ある商品と他の商品を一緒に販売することをいいます。抱き合わせ販売の事例としては、ゲーム会社が、人気ゲームソフトと不人気ゲームソフトを一つの商品として販売し、人気ゲームソフトを手に入れるためには不人気ゲームソフトも一緒に購入せざるを得ない状態にしたケースが挙げられます。人気ゲームソフトを手に入れる必要がある者は、不人気ゲームソフトも一緒に購入することになってしまいます。

このように、独占禁止法には、立場の弱い者を保護するための規定も置かれています。

● カルテルや入札談合とは

カルテル（46ページ）とは、事業者間で商品の価格やその生産・販売数量を調整するための協定を締結することをいいます。

カルテルにはさまざまな種類があります。もっともわかりやすいのは価格を協定するカルテルです（価格カルテル、50ページ）。同じ商品を販売している事業者同士が、商品の価格を高くするように協定を結べば、消費者は高い商品を買わざるを得なくなります。

互いの生産・販売数量を制限するカルテルもあります。つまり、商品をどの程度生産・販売するかどうかを競争している事業者同士の合意によって決定するカルテル（数量制限カルテル）です。このカルテルは、直接的に事業者同士の合意によって価格を決定しているわけではありません。

しかし、生産・販売数量を制限すると、市場で売られる商品の数が減少しますので、商品の価格は上昇することになります。

■ 独占禁止法の主な規制

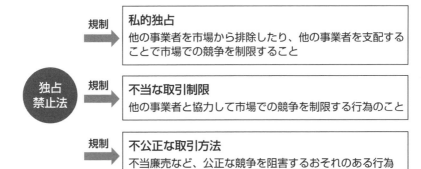

第1章　独占禁止法の全体像

互いの販売地域を分割する市場分割カルテル（51ページ）もあります。同じ商品を売っているA社とB社が、「A社は東日本で、B社は西日本でのみ商品を販売する」というような協定を結ぶことは市場分割カルテルになります。このような協定が結ばれると、A社とB社の間での競争がなくなるので、A社とB社は商品の価格を高く設定することができます。

　また、入札談合（44ページ）とは、競争入札の際に入札者同士の話し合いによって落札者を決めることをいいます。競争入札とは、工事などを発注する際に、一番安い見積もりを出した業者に対して発注することをいいます。

　しかし、入札者同士で話し合いを行い、落札者をあらかじめ決めておけば、落札者以外の入札者が高い価格の見積書を出すことで、落札者も高い価格で落札できます。これでは、注文者は損をすることになります。

　カルテルや入札談合は、前述したように不当な取引制限に該当する行為であるため、独占禁止法によって禁止されています。

● 企業結合規制という規制もある

　独占禁止法には、企業結合規制（100ページ）という種類の規制もあります。

　会社の合併や事業譲渡、役員の兼任など、企業同士のつながりが強化されることに対する規制が企業結合規制になります。

　企業同士のつながりを強化することは企業にとってはメリットがありますが、企業結合がされることで市場での競争が失われる可能性があります。たとえば、商品の価格競争をしていた会社がすべて一社に合併してしまうと、合併以降に価格競争が行われなくなります。

　そのため、市場での競争が失われてしまう場合、つまり一定の取引分野の競争を実質的に制限する場合には、独占禁止法によって企業結合に対して規制が及びます。

3 独占禁止法違反をどのように判断するのか

競争がなくなっているかどうかで判断する

● 市場とは

　ある行為によって事業者間の競争が失われてしまう場合に、独占禁止法によってその行為が規制されます。その際の、競争が行われている場のことを市場といいます。

　特に、不当な取引制限について市場が問題となります。事業者の間で商品の価格に関する合意をしたとしても、異なる市場の商品の価格に関する合意であれば、事業者間の競争が失われることはないので、独占禁止法による規制を受けません。たとえば、自動車メーカーと牛乳メーカーが互いの商品価格について合意したとしても、自動車メーカーと牛乳メーカーは同じ市場で競争しているわけではないので、独占禁止法には違反しません。

　このように、自動車と牛乳であれば、市場が異なると即時に判断できます。

　しかし、実際には、さまざまな要素を考慮してケースバイケースで市場の範囲を考えなければならず、市場の範囲の確定は非常に難しい問題といえます。

　たとえば、牛乳メーカーとジュースメーカーが、互いの商品についての値段を一個あたり300円と高くするような合意を行ったとします。牛乳とジュースは飲み物という点では共通しているのだから、牛乳とジュースは「飲み物市場」という同じ市場で競争しているのだと考えることもできます。

　しかし、牛乳とジュースは味が違うのだから、全く別の商品であると考えれば、2つの商品は「牛乳市場」と「ジュース市場」という別

の市場で販売されている商品ということになります。

　「同じ市場で販売されている商品かどうか」という点については、互いの商品によって代替可能かという点から判断します。牛乳とジュースの事例では、「牛乳を飲めなくなったらジュースで代替し、ジュースを飲めなくなったら牛乳で代替する」ということを消費者が行っているのであれば、牛乳とジュースは同じ市場で販売されていることになります。

　他にも、交通機関を運営する会社の間でも市場は問題となります。たとえば、飛行機と船は全く違う乗り物なので顧客の層も異なっており、航空会社と船舶会社が料金について協定を結んでも、会社同士の競争に影響はないようにも見えます。しかし、東京－小笠原間を行き来する飛行機や船を運営する会社が料金を高くする価格協定を結ぶと、飛行機か船しか交通手段のない小笠原の住民は東京に行くために高い飛行機代か船代を支払わざるを得ません。小笠原の住民は、飛行機が利用できなければ船を、船が利用できなければ飛行機を使うので、飛行機と船の間には代替性があります。この場合は、「東京－小笠原を結ぶ交通機関の市場」で航空会社と船舶会社が競争しているので、航空会社と船舶会社が協定を結ぶことで競争が失われてしまいます。

　このように、市場がどこにあるかについては、ケース・バイ・ケースでの判断が必要になります。

● 競争とは

　競争とは、複数の事業者が通常の事業活動の範囲内で、同種の商品等を供給（または役務を提供）したり、供給を受けたり（または役務を受けたり）する状態のことをいいます。たとえば、同じ商品を同じ地域で販売しているA社とB社は、商品の供給について競争をしていることになります。

　また、商品を供給する側だけではなく、商品を供給される側でも競

争は起こります。商品を供給する側の競争とは、商品の売り手同士の競争になります。たとえば、消費者を相手にする商店同士の競争とは、売り手の競争です。逆に、商品を供給される側での競争とは、商品の買い手同士の競争になります。たとえば、商品メーカーを相手にする卸売店同士の競争は、買い手同士の競争です。

このような自由かつ公正な競争を失わせる(実質的に制限する)事業者の行為が独占禁止法によって禁止されており、これを「競争の実質的制限」と呼んでいます。

たとえば、事業者同士が競争を制限することを合意するカルテルは、市場での競争を失わせることになります。通常は、事業者同士は、他の事業者よりも商品を多く販売しようとするために、商品の価格を安くできるかという方向での競争をしていますが、事業者同士が商品の価格を高くすることで合意してしまうと、商品の価格競争が行われなくなってしまいます。

また、他の事業者が事業を行えないように市場から締め出してしまうことも、競争を失わせる行為として独占禁止法で禁止されています。

たとえば、ある市場に新規参入しようとしている事業者に商品の原材料を売らず、新規参入の事業者が商品を作れないようにすることは、

■ **市場と競争の関係**

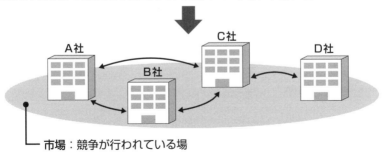

第1章　独占禁止法の全体像

競争を失わせる行為になります（取引拒絶）。

　本来なら、既存の事業者と新規参入の事業者の間で競争が行われていたはずであるにもかかわらず、その競争が行われなくなるためです。

　このように、競争を失わせるような行為は独占禁止法によって禁止されています。

●「公共の利益に反して」の意味

　独占禁止法は、「公共の利益に反して」いる行為を禁止しています。この「公共の利益に反して」とはどのような意味なのでしょうか。

　独占禁止法における「公共の利益」とは、基本的には自由な競争を意味しています。事業者同士が市場で競争することによって、消費者に「安くて良質な商品」が提供されることになるため、競争そのものが社会にとって利益になる「公共の利益」であると位置付けられています。ただし、「公共の利益」には、一般消費者の利益と経済の健全な発展という利益も含まれています。基本的には、競争そのものが「公共の利益」なのですが、一般消費者の利益や経済の発展という利益も「公共の利益」に含まれているのです。

　そのため、「公共の利益に反して」とは、競争そのものによる利益、一般消費者の利益、経済な健全な発展という利益に反するような行為をいいます。

　競争を失わせるような行為は、原則としては「公共の利益に反する」行為です。たとえば、事業者同士の話し合いで価格をコントロールするカルテルは「公共の利益に反する」行為です。

　しかし、市場での競争を失わせる行為であっても、一般消費者の利益や経済の健全な発展という利益を守るものであれば、それは「公共の利益」に反しない行為になります。「公共の利益」には、市場での競争そのものだけではなく、一般消費者の利益や経済の健全な発展という利益も含まれているので、これらの利益を守る行為であれば「公

共の利益に反しない」ことになるのです。

　たとえば、商品の安全や環境を守るために競争を実質的に制限する行為は、競争を失わせることになりますが、消費者の利益と経済の健全な発展を守る行為になるため、独占禁止法に違反しないと判断される場合があります。

　商品の安全性を守るために競争を失わせた事例としては、エアガンの安全性を守るために行われた行為があります。エアガン業界には、エアガンの安全性を守るための自主基準があり、ほとんどのエアガン業者はこの基準を守っていました。

　しかし、この自主基準を守らない事業者が出現し、基準を守らない事業者に対して、他のエアガン事業者がエアガン業界からの排除を試みました。他の事業者を市場から排除する行為は、市場での競争を失わせる行為ですが、エアガンの安全性を守ることは一般消費者の利益につながります。

　そのため、エアガンの安全性についての自主基準を守らない業者を、他のエアガン業者が排除しようとした行為は、「公共の利益に反しない」可能性があるとされました。

■ 公共の利益に反するかどうかの判断

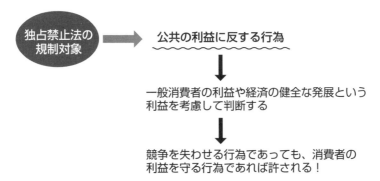

第1章　独占禁止法の全体像　21

4 独占禁止法の規制が除外される場合もある

知的財産権の行使には独占禁止法が適用されない

● どんな場合になぜ除外されるのか

　競争を失わせるような行為をしても、独占禁止法の規制を受けない場合があります。これを独占禁止法の適用除外といいます。独占禁止法の適用除外には3つのパターンがあります。

パターン1　知的財産権の行使に該当する行為をした場合

　著作権法・特許法・実用新案法・意匠法・商標法といった法律で認められた知的財産権の行使に該当する行為をした場合です。知的財産権は、独占的に権利を行使するために認められた権利です。たとえば、著作権は自分が制作した著作物を他人に使わせないようにする権利ですし、特許権は自分の発明を他人に利用されないようにする権利です。自分が編み出したものを自分だけが利用して利益を得ることを認めているのが知的財産権です。

　しかし、このような知的財産権に関わる法律は、独占禁止法の考え方と真っ向から対立します。独占禁止法は市場での競争を促進するための法律なのに対して、知的財産権に関わる法律は特定の人のみに権利の行使を認めて、競争がない状態で独占的に利益を得ることを認めています。

　そこで、独占禁止法と知的財産権に関わる法律を調整するために、知的財産権の行使に該当する行為については独占禁止法の適用が除外されています。

　ただし、もっぱら競争者である同業他社を排除することを狙って知的財産権を行使しているような場合には、不当な知的財産権の行使であるとして、独占禁止法が適用されます。

パターン2　小規模事業者同士が組合を作って行う取引

小規模の事業者や消費者の相互扶助のために設立された組合（数人が、金銭などを出資し合って、共同の事業を営むことを約束する事業体のこと）によってなされた行為の場合です。小規模な事業者が組合を結成し、組合を通じて共同購入や共同販売を行うと、小規模な事業者同士での競争が失われてしまうことになります。しかし、小規模な事業者同士が結束しなければ大規模な事業者に太刀打ちできず、大規模な事業者とまともに競争できないという事態が発生する可能性があります。そのため、小規模な事業者同士が組合を作って行う取引に対しては独占禁止法の適用が除外されます。

小規模な事業者が作る組合が独占禁止法から適用除外されるためには、法律に基づいて作られた組合であること、組合への加入・脱退が自由であること、といった条件を満たす必要があります。

パターン3　再販売価格の指定が許されているケース

再販売価格の指定が許されるというパターンです。再販売価格の指定とは、A社・B社・C社の順で商品が流通している場合に、A社がB社とC社の間の取引価格を決定することをいいます。

■ 独占禁止法の適用が除外されるケース

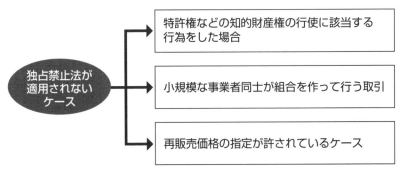

再販売価格の指定が行われると、価格が拘束され、自由な競争が行われなくなるため、A社による再販売価格の指定は独占禁止法によって禁止されています（再販売価格の拘束、73ページ）。

　しかし、公正取引委員会が指定する商品の他に、書籍や新聞といった著作物については再販売価格を指定することが許されています。書籍や新聞といった著作物は、国民に情報を提供するという重要な役割を背負っています。このような重要な役割を担っている著作物を保護するために、再販売価格の指定が認められています。

　また、消費者によって日常的に使用されている物で公正取引委員会が指定する商品（再販指定商品）については、独占禁止法の適用が除外されます。商品の販売店を守る必要がある場合には、公正取引委員会による商品の指定が行われ、再販売価格の指定が許されます。ただし、現在では、公正取引委員会による指定を受けている商品は存在しません。

■ 再販売価格の指定

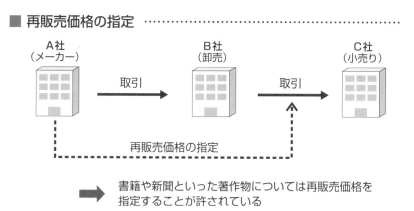

第2章

私的独占についての規制や不当な取引制限

1 私的独占について知っておこう

他の事業者を「排除」「支配」してはいけない

● どんなことなのか

　ある事業者が他の事業者を市場から「排除」したり、他の事業者を「支配」し、市場での競争を失わせる（実質的に制限する）ことを私的独占といいます。

　「事業者を市場から排除する」とは、他の事業者が市場で活動できないようにして、市場から追い出してしまうことをいいます。たとえば、新規参入しようとする事業者に原材料を供給させないことで新規参入を阻むことは、他の事業者を「排除」していることになります。

　「事業者を支配する」とは、取引関係のある会社に対して圧力をかけて自社の要求をのませ、思い通りにコントロールすることをいいます。たとえば、大手の企業であれば、取引関係のある会社に対して容易に圧力をかけることができます。

　このように、他の企業を排除したり支配することで市場をコントロールするのが私的独占です。

● 成立要件について

　私的独占は、事業者が、他の事業者を排除・支配することで、市場での競争を実質的に制限した場合に成立します。

　事業者とは、商業・工業・金融業その他の事業を行う者です。具体的には、商品やサービス（役務）の供給に対し反対給付を反復継続して受ける経済活動を行っている者をいいます。このような経済活動を行っていれば主体を問わず事業者となるので、国や地方公共団体も上記の経済活動を行う限りで「事業者」となり、独占禁止法の適用を受

けます。また、医師や弁護士といった自由業を営む者も、経済活動を行っている以上「事業者」に該当し、独占禁止法が適用されます。

次に、前述した他の事業者の「排除」や「支配」についてもう少し詳しく見ていきましょう。

排除とは、他の事業者の事業活動に不当な圧力などを加えることで、その事業活動の継続を困難にしたり、新規参入を困難にさせたりする行為をいいます（排除型私的独占）。

たとえば、市場から締め出したい事業者とだけ取引を拒絶して、その事業活動を困難にさせることが「排除」に該当します。

支配とは、他の事業者の意思決定を拘束して、自分の意思に従わせることをいいます（支配型私的独占）。株式取得、役員派遣などが利用されることが多いといえます。たとえば、A社がB社の株式のほとんどを保有していれば、B社の経営陣はA社の意向に従わざるを得ません。このときにB社の経営陣がA社の指示によってB社を動かしていれば、A社の行為はB社を「支配」していることになります。

また、私的独占が成立するためには、市場での競争を実質的に制限するという効果が生じることが必要です。たとえば、A社、B社の他にたくさんの会社が同じ商品を販売しており、市場での競争をしていたとします。この状況で、A社がB社と取引している会社に圧力をかけて、B社が商品を販売できない状況に追い込んだ場合には、A社はB社を市場から「排除」したことになります。

しかし、A社は、B社以外の会社とも競争をしているので、B社だけが市場からいなくなったとしても、市場での競争は失われません。

このように、他の会社を市場から「排除」したとしても、それにより市場での競争が失われなければ、私的独占は成立しません。

◉ 排除型私的独占について

以下では、問題となるケースが多いとされる、排除型私的独占にお

ける「排除」行為の具体例について見ていきましょう。

　まず、商品を著しく低い価格で販売することで、他の事業者が事業を継続できない状態にして、他の事業者を市場から撤退させることは「排除」行為に該当します。

　たとえば、資金力のあるA社が、資金力のないB社と同じ商品の市場で競争していたとします（下図参照）。このとき、A社が原価割れするような値段で商品を販売すれば、消費者はみなA社の商品を購入します。B社は、消費者を呼び戻すためには、A社と同じように原価割れするような値段で商品を販売するしかありませんが、利益をあげることはできないので、資金力のないB社は原価割れの値段で商品を販売し続けることはできません。そのため、B社は事業を継続できなくなり、この商品市場から撤退することになります。このB社を市場からの撤退に追い込むことがA社による排除行為になります。

　また、「自社の競争相手と取引しないこと」を条件に相手と取引を

■ 排除行為の例①

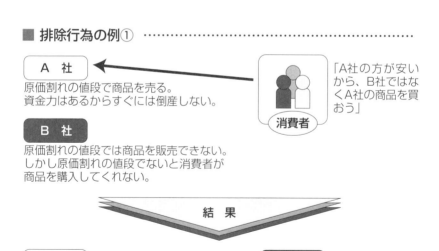

して、自社の競争相手を市場から締め出すことも「排除」行為に該当します。たとえば、A社とB社が同じ商品を製造・販売しており、A社もB社も商品の原材料をC社から購入していたとします（下図参照）。このとき、A社がC社に対して「C社はA社にのみ商品の原材料を提供する」という内容の契約を締結するよう圧力をかけ、C社がこれを承諾すれば、C社はA社にのみ商品の原材料を供給し、B社には商品の原材料が供給されなくなります。B社は、C社以外の企業から商品の原材料を調達できればよいのですが、C社以外に商品の原材料を提供している有力な企業がいなければB社は商品の原材料を手に入れることができず、商品の製造・販売を断念せざるを得ません。

■ 排除行為の例②

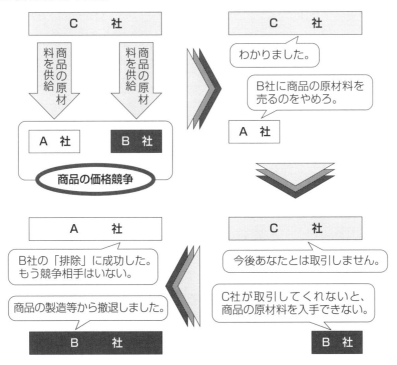

こうして、B社は市場から締め出させることになるので、A社はB社を市場から「排除」していることになります。
　さらに、ある商品に、他の商品を抱き合わせて販売して、抱き合わせた商品の市場での事業者の活動を難しくすることも、私的独占の「排除」行為になります。
　たとえば、消費者に大人気の商品「X」と、大人気ではないがそこそこ売れている商品「Y」があるとします。商品Xと商品Yは全く別の種類の商品で、主として商品Xの製造・販売はA社が、商品Yの製造・販売はB社が行っていました。このとき、A社が商品Xと商品Yをセットで販売し始めると、消費者は大人気の商品Xを購入すると、同時に商品Yも手に入れることになります。そうすると、消費者はB社から商品Yを購入しなくなります。なぜなら、消費者は商品YをA社を通じて手に入れているので、商品YをB社から購入する必要がなくなるからです。消費者は、A社から人気商品のXを必ず購入し、その際に商品Yを手に入れているので、消費者がB社から商品Yを手に入れる必要性がなくなっているからです。
　つまり、A社が商品Xと商品Yを抱き合わせて販売すれば、以前から商品Yを販売していたB社を、商品Yの市場から締め出すことになるので、A社はB社を「排除」したことになります。
　このように、商品を著しく低い価格で販売すること、自社とのみ取引をすることを取引相手に強要すること、ある商品に他の商品を抱き合わせて販売することは、私的独占における排除行為の典型例だといえます。しかし、これら以外の手段であっても他の事業者を市場から追い出す行為はすべて私的独占における排除行為に該当します。

● 具体例にはどんなものがあるのか

　私的独占として、具体的にはどのような事例が問題になったのかを見ていきましょう。

・ケース1

　埼玉県にあるA銀行が、融資先である県内の製糸工場に対して、実質的にA銀行の子会社であるB社と取引するよう要求しました。銀行からの要求なので、製糸工場は断りづらい状況にありました。そのため、製糸工場はA銀行の要求に従ってB社と取引をするようになり、従来から製糸工場と取引していた事業者は製糸の取引に関与できなくなりました。このようなA銀行の行為は、従来から製糸工場と取引していた事業者を排除し、製紙工場を支配するものなので、私的独占が成立します。

・ケース2

　乳製品製造業者であるA社は酪農家から牛乳の供給を受けており、A社は金融機関であるB社と密接な関係にあります。この状態で、A社は自らに牛乳を販売する酪農家に対してのみ、金融機関B社をあっせんしていました。そうすると、B社から融資を受ける必要がある酪農家はA社に対してのみ牛乳を販売するようになります。その結果、酪農家はA社以外の乳製品製造業者に対して牛乳を販売しなくなり、A社以外の乳製品製造業者は乳製品を作ることができなくなりました。そのため、A社の行為は、他の乳製品製造業者を排除する行為といえ

■ ケース1について

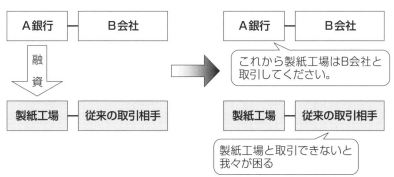

るので、私的独占が成立しています。

・ケース3

A社は缶詰の缶を製造する業者で、A社で作られた缶は缶詰製造会社に販売されていました。缶詰製造会社のB社は、コスト削減のために、缶詰の缶をA社から購入するのではなく、B社の中で製造しようとしました。このとき、技術上の理由から、「X」という種類の缶はB社だけで製造できるのですが、「Y」という種類の缶はB社だけで製造することはできませんでした。そこで、B社は、「X」だけ自社

■ ケース2について

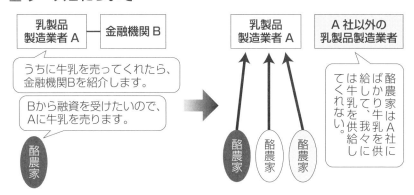

■ ケース3について

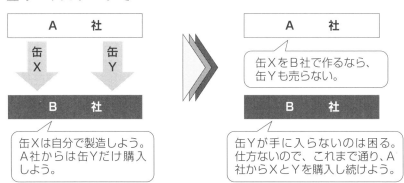

で製造し、「Y」は今まで通りA社から購入することに決めました。

しかし、このB社の動きを知ったA社は、「B社で缶Xを製造し、A社から缶Xを購入しないのであれば、A社はB社に缶Yを販売しない」と通告しました。B社としては、A社からの缶Yの供給を止められてしまうと、一部の缶詰の製造ができなくなるので、自社での缶Xの製造を断念せざるを得ませんでした。このようなA社の行為には、缶詰の缶の製造市場からB社を排除したものであるとして、私的独占が成立します。

・ケース4

A社は、北海道の全域で新聞を発行しており、道内函館の新聞発行部数の大部分を占めていました。その函館に、新聞社B社が参入して新聞を発行しようとした際に、A社はB社に対抗するためにさまざまな手段を講じました。まず、B社が用いると予想される新聞題字を次々と商標登録して、B社が希望する新聞題字を使えないようにしました。また、記事を配信している通信社に対して、通信社からB社へ記事を配信しないよう依頼しました。さらに、A社は、函館で発行する新聞に掲載する広告の料金を大幅に値下げして、B社に広告の掲載を依頼する企業が現れないようにしました（A社は道内全域で新聞を発行していたので、函館での新聞事業が赤字になってもすぐには困らない状況にありました）。このような A 社の一連の行為には、函館での

■ ケース4について

函館 A社
- B社が使いそうな商標を先回りして商標登録。
- 通信社に、B社に記事を配信しないよう依頼。
- 函館だけ広告料金を安くする。（B社に広告を依頼する企業の出現を防ぐ）

新規参入 → B社

新聞発行市場からB社を排除するものとして、私的独占が成立します。

● 行政措置と制裁

　事業者が私的独占に該当する行為をした場合には、事業者はさまざまな行政措置や制裁を受けます。

　まず、事業者が私的独占に該当する行為を行っている場合には、公正取引委員会は事業者に対してその行為を止めるように命令します。これを排除措置命令（125ページ）といいます。

　たとえば、事業者が商品を著しく低い価格で販売することで他の事業者を排除しようとしている場合には、公正取引委員会は著しく低い価格での商品の販売を止めるよう命じることになります。

　また、私的独占を行っていた者に対しては課徴金納付命令が課されます。私的独占を行っていた期間の売上高に、一定の算定率を掛けた額が、事業者が支払うべき課徴金の額になります。課徴金の算定率は、製造業等・小売業・卸売業のどの業種か、支配型私的独占・排除型私的独占のいずれであるかによって異りますが、最大で10％になります。

　さらに、私的独占を行った者は、刑事罰として5年以下の懲役または500万円以下の罰金が科されます。また、私的独占を行った事業者の代表者またはその従業者に対し刑事罰が科される場合は、その者が所属する事業者も5億円以下の罰金が科されます（両罰規定）。

● 独占的状態についての規制

　一つの事業者がある商品市場での競争に勝ち抜き、競争相手がいなくなってしまうと、結果的にその事業者による独占市場（または少数の事業者による寡占市場）になってしまい、市場での競争がなくなってしまいます。このような市場の状態のことを独占的状態といいます。市場が独占的状態になってしまった場合には、公正取引委員会によって競争を復活させるための何らかの措置が講じられます。

どのような状態になると「独占的状態」になったといえるのかというと、まず、該当する商品の国内での販売価格が年間1000億円を超えていることが必要です。また、その商品のシェアについて、第１位の事業者のシェアが50％以上になっているか、上位２社のシェアが75％になっていることが必要です。さらに、その商品市場への新規参入が困難であり、商品価格の上昇が著しい（または低下が僅少である）ことも必要です。

　このような条件を満たせば、この商品市場は独占的状態になっているといえるので、公正取引委員会は市場での競争を復活させるための何らかの措置（事業譲渡や会社分割など）を講じるよう命令することになります。ただし、その際には、公正取引委員会は、事業者の円滑な事業の遂行や事業者に雇用されている労働者の雇用の生活の安定に配慮する必要があります。

　なお、現在、市場が独占的状態にあることを理由として、公正取引委員会が何らかの措置を講じたという事例はありません。

■ **行政措置や罰則**

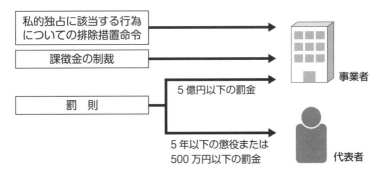

Q 市場でのシェアが大きくなると、独占禁止法に違反する可能性が高くなると聞いたことがあります。実際にはどの程度のシェアを占めると、独占禁止法違反になるのでしょうか。

A 市場でのシェアが高くなったからといって、それだけで独占禁止法違反にはなりません。市場での自由かつ公正な競争の中でシェアを伸ばしていったのであれば、それは正当な企業努力によって顧客を獲得していったということを意味しています。このような場合は、公共の利益に反する形で、他の事業者を市場から排除するもの（排除型私的独占）でもなく、その事業活動に制約を与えて市場を支配するもの（支配型私的独占）でもないため、市場でのシェアが高くなっても独占禁止法には違反しません。市場でのシェアが問題となるのは、独占禁止法に違反する可能性のある行為を行った場合です。

●**市場シェアが大きいほど違反となりやすい**

たとえば、商品の価格を他の事業者と共同して決定する価格カルテルを行ったとしても、価格カルテルに参加した事業者全体で占める市場でのシェアが低ければ、シェアが高い場合に比べ、市場での競争が制限されず、独占禁止法違反にはならない可能性が高いといえます。

なぜなら、カルテルに参加した事業者のシェアが低いということは、消費者はカルテルに参加していない事業者から商品を購入できるからです。消費者がカルテルに参加していない事業者から商品を購入できるのであれば、カルテルによって商品の価格を高くしても、高い価格で商品を消費者に購入させることはできません。消費者は、安い商品を購入することを選択できるので、市場での競争が失われていないことになります。つまり、市場での競争が失われた状態にはなっていないので、独占禁止法による規制は受けないことになります。

独占禁止法違反が問題となったとしても、どのくらいのシェアがあ

れば競争が失われたといえるかについては、一律に「何％のシェアを超えてしまうと違反となりやすい」と断言することはできません。市場でのシェアが大きくなればなるほど、市場での競争が失われてしまう可能性が高くなります。しかし、市場での競争が失われているかどうかは、シェアだけではなく、商品の特性、商品の流通性、新規参入の可能性、商品が輸入される可能性など、さまざまな要素を考慮して判断する必要があります。

●**市場の画定が重要になってくる**

　市場でのシェアがどのくらいかを判断する際に重要になるのが「市場の画定」です。シェアとは、事業者が市場の中で占めている割合のことを意味していますので、市場を画定できなければシェアを判断することはできません。この市場の画定の際にも、さまざまな要素を考慮する必要があります。

　たとえば、牛乳を販売している事業者Ａがいた場合に、事業者Ａが競争している市場は、「牛乳の販売市場」だけではありません。「飲み物全体の販売市場」でも競争をしています。当然ですが、「牛乳の販売市場」よりも「飲み物全体の販売市場」の方が、事業者Ａが占めるシェアの割合は低くなります。そのため、事業者Ａが独占禁止法違反の可能性がある行為を行った場合には、「牛乳の販売市場」での競争を失わせる可能性が高く、「飲み物の販売市場」での競争を失わせる可能性は低いといえます。そこで、事業者Ａの行為が独占禁止法に違反するかは、牛乳について、前述の「商品の特性、商品の流通性、新規参入の可能性、商品が輸入される可能性」などの諸要素を考慮して判断されると考えられます。

　このように、シェアを判断する際には、市場を画定する作業も必要になります。

2 不当な取引制限について知っておこう

カルテルや入札談合が代表例である

● どんなことなのか

　不当な取引制限とは、事業者が他の事業者と共同して、市場での競争を失わせる（実質的に制限する）ことをいいます。

　不当な取引制限に該当する行為としては、入札談合、カルテルなどがあります。入札談合は、他の事業者と協力して、入札で競争をせずに特定の事業者が高値で落札できるように行動することをいいます。カルテル（46ページ）とは、他の事業者と協力して価格を引き上げたり、販売数量を減らすことをいいます。入札談合もカルテルも、他の事業者と協力して市場での競争を失わせる行為なので、不当な取引制限に該当します。

　また、他の事業者と共同研究開発を行うこと、商品の規格化を行うこと、商品の共同生産・販売を行うことなども、不当な取引制限に該当する可能性があります。これらの行為は直接に市場での競争を失わせる目的をもって行われるわけではありませんが、事業者同士の情報交換が行われることで、互いの企業内部の情報が筒抜けになってしまいます。その情報交換の過程で、商品の価格や販売数量といった情報も、事業者同士でやり取りされることになるので、結果的に商品の価格が同じになるなど、市場での競争を制限してしまうことになる可能性があります。

　このように、不当な取引制限にはさまざまなパターンがありますが、ここで挙げた行為以外でも、事業者同士が協力して市場での競争を失わせているのであれば、不当な取引制限に該当します。

● どんな問題があるのか

　不当な取引制限は、事業者が、他の事業者と共同して相互の活動を拘束・遂行し、公共の利益に反して、市場での競争を実質的に制限することで成立します。事業者とは、商業・工業・金融業など、商品やサービスを反復継続してやり取りする経済活動を行っている者です（57ページ）。何らかの経済活動を行っていれば事業者となるので、国や地方公共団体も経済活動を行う限りで事業者となります。

　また、不当な取引制限が成立するためには、事業者同士に意思の連絡があることが必要です。たとえば、事業者同士で商品の販売価格を値上げするという内容のカルテルを行う場合には、「お互いに商品の価格を値上げする」という内容の合意をします。不当な取引制限が成立するとして独占禁止法による規制を行う場合には、公正取引委員会が事業者同士の意思の連絡があることを立証する必要があります。この事業者同士の意思の連絡についてはさまざまな問題がありますので、41ページで詳しく説明します。

　事業者同士が、お互いの活動を相互に拘束していること、または共同して活動を遂行することも、不当な取引制限が成立するために必要

■ 不当な取引制限のさまざまなパターン

不当な取引制限
↓
①他の事業者と共同して
②相互の活動を拘束・遂行し
③公共の利益に反して
④市場での競争を実質的に制限すること

たとえば

● 入札談合
　競争をせずに特定の事業者が高値で落札できるようにすること

● カルテル
　他の事業者と協力して価格を引き上げたり、販売数量を減らしたりすること

● 共同研究開発・共同生産
　行き過ぎた共同研究開発や共同生産を行うこと

※上述した行為以外でも、競争を阻害する事業者同士の協力行為であれば不当な取引制限に該当する

第2章　私的独占についての規制や不当な取引制限

です（相互拘束・共同遂行）。商品の価格を同じにするということを事業者同士が合意していれば、事業者同士はお互いに「商品の価格を同じにする」という内容の拘束を受けていることになるので相互に事業活動を拘束したことになります。なお、紳士協定であっても、事業者同士は相互に拘束していることになります。事業者同士で「商品の価格を同じにはしないが、勝手に安売りをしてはならない」とする旨を合意した場合、合意に反したときの制裁まで決めていなくても、商品の価格について事実上の相互の拘束がある以上、相互拘束の要件を充たします。

　不当な取引制限が成立するためには、事業者の行為によって競争が実質的に制限されることも必要です（競争の実質的制限）。

　たとえば、事業者同士で合意をして商品の価格を値上げする価格カルテルの場合、通常は、事業者同士の合意によって、その事業者間では商品の価格競争が失われてしまうことになります。しかし、価格カルテルを行っている事業者以外にも、同じ商品を販売する事業者がたくさん存在する場合には、カルテルに参加していない事業者が安い価格で商品を販売しようとします。そうすると、消費者は、価格カルテルにより高い値段で商品を販売している事業者ではなく、カルテルを行わずに安い値段で商品を販売している事業者から商品を購入します。価格カルテルを行っている事業者が消費者に商品を購入してもらうには、価格カルテルを止めて商品の価格を下げ、今まで通り価格競争をするしかありません。つまり、価格カルテルを行ったとしても、他にも同じ商品を販売している事業者がたくさんいるなどの事情がある場合には、競争は失われないとして、不当な取引制限が成立しない可能性があります。

　以上より、事業者同士の意思の連絡、相互の拘束・共同遂行、競争の実質的制限という条件を満たした場合に、不当な取引制限が成立します。

● 取引制限のポイントについて

　不当な取引制限が成立するかどうかにおいて、大きなポイントになるのが、事業者同士の「意思の連絡」があるかどうかという点です。

　不当な取引制限は、事業者同士が「共同して」市場での競争を失わせた場合に成立します。そのため、各事業者がそれぞれ独自に行動している場合には、不当な取引制限が問題となることはありません。そのため、公正取引委員会としては、不当な取引制限が行われているとして事業者を取り締まる場合には、事業者同士での意思の連絡があることを立証する必要があります。

　事業者同士での意思の連絡があったことの立証は容易ではありません。事業者が、他の事業者と合意したことを書面にしていれば、その書面を証拠にして意思の連絡があったことを立証することができます。

　しかし、事業者も、事業者同士が協力して市場での競争を失わせることは独占禁止法違反となり、公正取引委員会に摘発される可能性があることはわかっています。そのため、事業者は、他の事業者との合意の内容を書面にするなど不用意に証拠を残すようなことはしません。

■ 不当な取引制限にならないケース

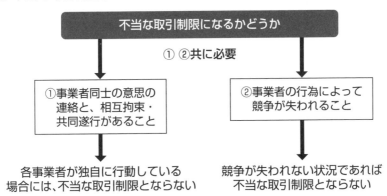

第2章　私的独占についての規制や不当な取引制限

通常は、不当な取引制限を行う事業者は、口頭でのみ他の事業者と打ち合わせをして、市場での競争を行わないことを合意しています。そのため、公正取引委員会が、事業者同士での意思の連絡の内容を明確に立証することは困難だといえます。

　そのため、事業者同士の意思の連絡は、明示のものではなく黙示のものでよいとされています。つまり、事業者同士で明確な約束をしなくても、暗黙の了解があれば、意思の連絡があると判断されます。

　また、事業者同士が商品の価格等について情報交換をして、その後に情報交換を行った内容と同じような行動にでた場合には、事業者同士に協調的な関係があり、原則として事業者同士の意思の連絡があると推認されます。たとえば、A社とB社が、商品価格についての情報交換を行い、その後にA社とB社が同じ商品の値上げを行えば、A社とB社の間に意思の連絡があると推認されます。つまり、事業者同士が商品の価格等に関する情報交換活動を行い、その後に事業者同士が同じような行動をとった場合には、意思の連絡があると判断することが可能となります。このような手法を用いて、不当な取引制限における意思の連絡が立証されます。

● 具体例にはどんなものがあるのか

① 入札談合

　不当な取引制限の典型例は、入札談合と価格カルテルです。入札談合は、国や地方公共団体が発注する工事等を受注しようとする事業者らが、話し合いを行って特定の事業者に工事を高値で受注させることをいいます。入札は、国や地方公共団体が事業者に工事等の見積もり額を提出させ、最も安い見積もり額を提出した事業者に工事等を発注するという制度です。このような入札制度を採用することにより、国や地方公共団体は支出を抑えることができます。

　しかし、たとえば、入札に参加する事業者がA社、B社、C社、D

社の四社であったときに、B社、C社、D社が非常に高い価格の見積書を提出し、A社がB社、C社、D社と比べて少しだけ安い価格での見積書を提出すれば、国や地方公共団体はA社に工事を発注せざるを得ません。このようにA社、B社、C社、D社の話し合いにより、入札での競争が失われているので、A社、B社、C社、D社の行為は入札談合であって不当な取引制限に該当します。

② 価格カルテル

　価格カルテルは、同じ商品を販売している事業者同士が、共同して商品の価格を値上げすることをいいます。通常は、同じ商品を販売している事業者同士は、消費者に自社の商品を買ってもらうために価格を安くする努力を行います。一つの会社が商品の価格を値上げしても、消費者は安い他社の商品を購入するため、問題は生じません。

　しかし、同じ商品を販売している事業者同士が共同して商品の価格を値上げすれば、安い商品を選べない消費者は、高い価格の商品を購入せざるを得ません。このように事業者同士で共同して商品の値上げをして、市場での競争を失わせているので、価格カルテルは不当な取引制限に該当します。

■ 不当な取引制限の例

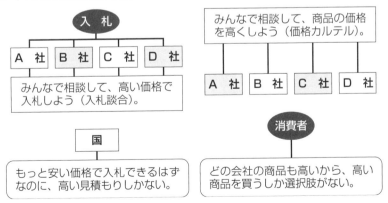

3 不当な取引制限のパターンについて知っておこう

課徴金や刑事罰の対象になる

● 不当な取引制限にはさまざまなパターンがある

　不当な取引制限に該当するパターンにはさまざまなものがありますが、前述のように入札談合とカルテルが典型例です（42ページ）。ここでは入札談合、カルテルの種類（ハードコア・カルテル、非ハードコア・カルテル）、行政上・刑事上の制裁について紹介します。

● 入札談合のしくみ

　入札談合とは、国や地方公共団体等が発注する工事等（公共工事や公共調達）の入札で、入札に参加する予定の事業者同士が協力して（事前に相談して）、特定の事業者に工事等を落札させることをいいます。入札は、工事等を発注しようとしている国や地方公共団体等が、複数の事業者に工事等の見積書を提出させて、最も低い価格の見積書を提出した事業者に対して工事等を発注するという制度です。入札に参加する事業者は、工事等を受注するために少しでも見積もりの金額を低くしようとするので、国や地方公共団体としては工事等のための支出を抑えることができます。

　しかし、入札をしようとしている事業者同士で話し合いをすれば、事業者が落札者と落札価格を決めることができます。たとえば、入札に参加しようとしている事業者がA社、B社、C社、D社の4社だとして、4社が話し合い、A社が4900万円、B社、C社、D社が5000万円で入札すれば、必然的にA社が4900万円で落札することになります。実際にはもっと安い価格で工事を行うことができるとしても、高い価格で落札できれば事業者にとっては利益になりますので、事業者は高

い価格で工事を落札します。これによって入札における価格競争が失われるので、入札談合は不当な取引制限として規制されています。

また、入札談合は繰り返し行われます。たとえば、A社、B社、C社、D社が参加する入札で最初にA社が落札すると、次の入札ではB社が落札できるようにA社、C社、D社が協力し、さらにその次の入札ではC社が落札できるようにA社、B社、D社が協力するというように、入札談合に参加している事業者が順番に落札できるよう、各事業者は協力し合うことになります。このようにすることで、入札談合に参加している事業者は、確実に高値で落札することができます。

もっとも、入札談合を成功させるためには、入札に参加する事業者のすべてが談合に参加する必要があります。

前述したA社、B社、C社、D社の他にE社が入札に参加していた場合には、A社〜D社の4社だけで談合をしても、A社〜D社が確実に落札することはできません。なぜなら、A社〜D社の話し合いで決定した価格よりも、E社は安い見積もりを出して入札に臨むのが一般的で、この場合はE社が落札してしまうからです。

入札には、一般競争入札と指名競争入札の2種類があります。一般

■ **入札談合のケース**

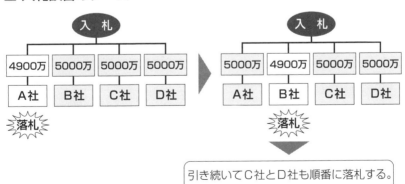

競争入札とは、入札の参加資格の条件がなく、誰でも参加できる方式の入札のことをいいます。これに対して、指名競争入札とは、工事を発注する国や地方公共団体等があらかじめ入札に参加できる事業者を指名して、指名された事業者だけが参加して入札を行うことをいいます。指名競争入札は一般競争入札と異なり入札に参加する事業者が限定されることから、指名競争入札の方が一般競争入札より談合が発生する可能性は高いといえます。

以上から、入札談合が行われると、事業者同士が価格競争をすることなく工事等を受注します。そのため、入札談合は市場競争を失わせる行為であり、不当な取引制限として独占禁止法の規制を受けます。

● カルテルは２つに分類ができる

カルテルとは、事業者が他の事業者と共同して、商品の価格を値上げしたり、販売数量を制限するなどして、市場での競争を失わせることをいいます。カルテルにはさまざまな形態があります。事業者同士が商品の販売価格を共同して決定する価格カルテル、商品の製造量・販売量等を制限する数量カルテル、各事業者の商品の販売地域を決定する市場分割カルテル、事業者ごとの取引先を決定する取引先制限カルテルなどは、不当な取引制限に該当し、独占禁止法違反となる可能性が高いといえます。このような、競争制限を明白な目的としており、独占禁止法違反となる可能性が高いカルテルのことをハードコア・カルテルといいます。

これに対し、商品を共同で研究開発すること、他の事業者と情報交換をすること、他の事業者と共同で商品を生産・販売・購入することは、競争制限の目的を有するか必ずしも明らかではないので、ハードコア・カルテルと比べると独占禁止法違反となる可能性は低いといえます。しかし、競争を失わせることになる場合には、不当な取引制限として独占禁止法による規制を受けます。このような、必ずしも競争

制限を目的としておらず、独占禁止法違反となる可能性が低いカルテルのことを非ハードコア・カルテルといいます。

● ハードコア・カルテルについて

カルテルは、独占禁止法が規制する不当な取引制限に該当する可能性のある行為であり、不当な取引制限として成立するための条件（39ページ）を満たした場合に、独占禁止法による規制を受けます。つまり、カルテルの成立要件については、不当な取引制限の成立要件（39ページ）に該当するかどうかを考えることになります。ここでは、ハードコア・カルテル（価格カルテル、市場分割カルテル）について、どのような点に注意して不当な取引制限に該当するかどうかを判断するのかを、簡単に見ていきましょう。

たとえば、価格カルテルであれば、事業者同士が価格を上昇させることについての意思の連絡をしているか、その意思の連絡によって実際に商品の価格が上昇し、市場での競争が失われているかといったことを「不当な取引制限の成立要件を満たしているか」という観点から判断します。また、市場分割カルテルであれば、販売地域を事業者同士でどのように分割したのか、販売地域を分割したことによって実際に商品市場での競争が失われているのかといったことを、不当な取引

■ カルテルのイメージ

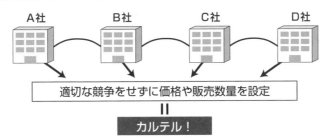

制限の成立要件として判断することになります。

● 非ハードコア・カルテルについて

　商品の共同研究開発や情報交換などの非ハードコア・カルテルが行われると、なぜ市場競争が失われるのでしょうか。

　まず、事業者同士による商品の共同研究開発は、事業者が保有する技術を合わせることでより良い商品を生み出すことができ、基本的には自由かつ公正な競争を生み出す行為です。しかし、商品を共同で研究開発する際に、事業者の間で共同研究開発協定に付随して商品の生産量や販売価格についての取り決めがなされる可能性があります。商品の生産量や販売価格まで事業者間の協定によって決めてしまうと、その商品の市場での競争が失われてしまいます。また、共同研究開発とは名目だけで、実際には共同研究がほとんど行われず、共同研究に付随して事業者間で商品価格を同じにすることだけが合意されたというケースでは、共同研究開発を隠れみのにして価格カルテルが行われているといえます。このように、共同研究開発が行われたとしても、基本的には市場での競争は失われませんが、共同研究開発に付随した取り決めによって市場での競争が失われる可能性があります。

　次に、事業者同士の情報交換については、商品の販売価格や生産量についての情報交換を行うと、不当な取引制限が成立し、市場での競争を失わせてしまう可能性があります。販売価格や生産量に関する情報交換を直接行わなくても、事業者同士が情報交換をするうちに、商品の販売価格や生産量について共通の認識が作り出されてしまう危険性があります。さらに、事業者同士で商品を共同して生産・販売・購入すると、同じ方法・同じ経路で商品を生産・販売・購入することになります。そうすると、事業者同士で商品の販売価格や生産量などについても取り決めてしまう可能性が出てくるため、市場での競争が失われている可能性が生じます。

● 行政上の制裁（排除措置命令・課徴金納付命令）

　カルテルが行われた場合には、公正取引委員会は事業者に対してカルテルを止めるよう命令を出します。これを排除措置命令といいます。たとえば、価格カルテルが行われていた場合には、価格について事業者同士で合意するのを止めるよう命令が出ます。

　また、入札談合が行われていた場合には、事業者同士での話し合いにより入札価格を決定することを止めるよう命令が出ます。

　カルテルを行った事業者に対しては課徴金が課されます。これを課徴金納付命令といいます。課徴金の額は、独占禁止法に違反する行為を行っていた期間の売上高に、一定の算定率を掛けた（乗じた）ものになります。課徴金の算定率は、製造業等・卸売業・小売業のいずれであるか、早期解消であるかや、再度の違反、主導的役割であるかによって異なってきますが、最大で15％になります。

　ただし、事業者が自ら進んで独占禁止法違反の行為を公正取引委員会に報告した場合には、課徴金が減免されます。具体的には、公正取引委員会の調査開始日前に最初に報告した事業者は課徴金の全額が免除されます。続けて、調査開始日前に2番目に報告をした事業者は課徴金の50％が、3番目〜5番目報告をした事業者は課徴金の30％がそれぞれ減額されます。これに対して、調査開始日以降の場合には、1番目〜3番目に報告した事業者が課徴金の30％を減額されるだけです。

　減免を受けられるのは調査開始日の前後を通じて合計5社までです。

● 刑事上の制裁（刑事罰）

　カルテルを行った者（事業者の代表者その他の使用人等）に対しては、5年以下の懲役または500万円以下の罰金が科されます。また、カルテルを行った者が所属する事業者に対しても、5億円以下の罰金が科されます。これを両罰規定といいます。

4 ハードコア・カルテルのパターンについて知っておこう

市場を分割するカルテルもある

● ハードコア・カルテルにはどのようなものがあるか

　競争制限を明白な目的としており、独占禁止法違反となる可能性が高いとされる「ハードコア・カルテル」には、価格カルテル、市場分割カルテル、数量制限カルテル、設備制限カルテルなど、さまざまな類型があります。ここでは、ハードコア・カルテルの類型について見ていきましょう。

● 価格カルテルについて

　価格カルテルとは、事業者同士が商品の販売価格について合意をして、その合意の通りに商品の販売価格を設定することをいいます。

　たとえば、同じ商品を販売しているすべての事業者同士が、共同して商品を値上げすれば、消費者は価格の上昇した商品を買わざるを得ません。価格競争が行われていれば、消費者は安い価格で販売している事業者から商品を購入することができるのですが、すべての事業者が値上げをしているので、消費者が安い商品を選択することはできない状態になっています。事業者の間で競争が行われているとはいえないので、価格カルテルは不当な取引制限に該当します。

　価格カルテルは不当な取引制限の一種です。そのため、価格カルテルが不当な取引制限として独占禁止法の規制を受けるには、事業者同士が同じ市場で競争している必要があります。同じ商品を販売している事業者同士であれば、基本的には同じ市場で商品を販売しているといえるので、この事業者同士が価格カルテルを行えば不当な取引制限になります。しかし、違う商品を販売しているからといって、違う市

場で競争しているとは限りません。たとえば、電車とバスは全く違う乗り物ですが、移動手段という点では変わりがありません。東京と大阪を結ぶ電車とバスであれば、「東京・大阪間の交通機関」という市場で競争しているといえます。そのため、東京・大阪間の電車を運営する会社と東京・大阪間でバスを運行しているバス会社との間で、運賃についての合意をすれば、価格カルテルとして不当な取引制限が成立する可能性があります。

● 市場分割カルテルについて

市場分割カルテルとは、競争関係にある事業者ごとに商品の販売地域等を限定して、決められた地域以外では商品を販売しないことを内容とするカルテルのことをいいます。

たとえば、同じ商品を販売しているA社、B社、C社、D社が、A社は北海道でのみ、B社は本州でのみ、C社は四国でのみ、D社は九州でのみ販売活動を行うことを合意すれば、この4社の行為は市場分

■ 価格カルテルのしくみ

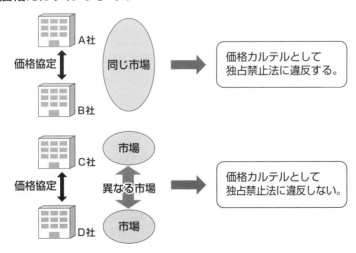

第2章 私的独占についての規制や不当な取引制限

割カルテルに該当します。本来であれば、A社～D社の4社は日本中で商品を販売し、価格競争を行っていたはずです。しかし、市場分割カルテルを行うことで、他社との競争を行わなくてよいことになります。その結果、市場分割カルテルによって割り当てられた地域の中では自由に商品の価格を設定することができ、競争相手がいないために高値であっても消費者に商品を買ってもらうことができます。

市場分割カルテルは、他の事業者と共同して市場での競争を失わせる行為なので、独占禁止法の不当な取引制限に該当します。

● 数量制限カルテル・設備制限カルテルについて

事業者同士の商品の販売数量を制限するカルテルも存在します。たとえば、同じ商品を販売している事業者であるA社、B社、C社がいて、この3社が「向こう1年間にA社は30万個、B社は20万個、C社は10万個の商品を製造・販売する」と合意して、この合意の内容を実行に移したとすると、A社、B社、C社の3社の行為は数量制限カルテルに該当します。

通常ですと、商品の需要があると考えた事業者は、商品を増産することで多くの顧客を獲得しようとします。事業者がたくさんの商品を

■ 市場分割カルテルの例

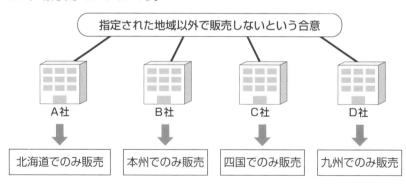

製造すれば、それだけ市場に供給される商品の量が増えますので、商品の価格は安くなります。しかし、商品の数量を制限するカルテルが行われると、市場に供給される商品の量が事業者同士の合意によってコントロールされることになります。事業者同士の合意によって市場に供給される商品の量が減少すれば、商品に対する需要が変化しなければ商品の価格が上昇してしまいます。そのため、数量制限カルテルは、不当な取引制限に該当し、独占禁止法による規制を受けます。

また、将来の商品供給量を制限するために各事業者の設備投資を制限する設備制限カルテルも、数量制限カルテルと同様の理由で不当な取引制限に該当します。事業者同士が、設備を増強しないことを合意すれば、商品の生産数量を抑えることになるので、事業者同士の合意による市場に供給する商品の量のコントロールにつながります。

なお、数量制限カルテルや設備制限カルテルは、価格カルテルと合わせて行われることもあります。事業者同士で価格についてだけ合意をした場合、その合意に反して商品を安売りする事業者が出てくる可能性があります。しかし、価格に加えて商品の生産数量や設備投資を制限する合意をしておけば、多くの商品を販売することが難しくなるので、商品価格を安くすることも難しくなります。つまり、価格カルテルと数量制限カルテルや設備制限カルテルを合わせることで、より確実に事業者同士の競争を抑制する効果を生み出します。

● その他のハードコア・カルテル

この他にも、技術や取引先に関するカルテルがあります。

たとえば、事業者同士で、新技術の開発を行わないといった内容の合意をする技術制限カルテルがあります。通常ですと、事業者は商品を開発・改良するために技術の開発を行っています。しかし、技術の開発にはコストがかかりますし、新しい技術により新しい商品が作られると古い商品が売れなくなってしまいます。そのため、現在の状況

を維持して商品を販売し続ける目的で、事業者同士で新技術を開発しないことを合意する技術制限カルテルが行われています。

　また、取引先を制限するカルテルも存在します。たとえば、A社、B社、C社が同じ商品を販売しており、この商品を購入している大口顧客としてD社、E社、F社があるとします。このとき、A社、B社、C社の間で「A社はD社とだけ、B社はE社とだけ、C社はF社とだけ取引をする」と合意することも取引先制限カルテルとして不当な取引制限に該当します。本来は、A社〜C社の3社は、競争によって顧客であるD社〜F社を獲得するはずですが、A社〜C社の合意によって競争が行われなくなっています。そのため、D社〜F社はA社〜C社が商品の価格を高く設定しても、その値段で商品を購入せざるを得なくなっています。

■ **取引先を制限するカルテル**

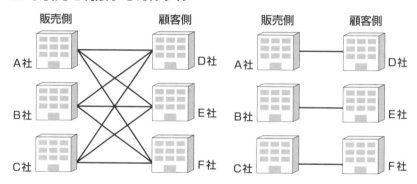

本来は、自由に取引をしている。 取引先制限カルテルによって、取引先が限定されている。

Q　不当な取引制限を回避するにはどうしたらよいでしょうか。

　不当な取引制限に該当する行為がなされると、関わった人物や事業者に対しては刑罰（事業者は罰金刑のみ）が科されます。事業者に対しては、莫大な課徴金も課されます。さらに、独占禁止法に違反した企業として、社会的信用を失うことにもなりかねません。企業の中でも、営業部門は、独占禁止法に違反する行為をしてでも成績を上げようとする場合があります。そのため、企業の監査役・法務部門の担当者は、営業部門が暴走して独占禁止法に違反する行為を行わないように監視をする必要があります。

　たとえば、日頃から企業内部でどのような行為が独占禁止法違反になるのかについて研修を行い、従業員の独占禁止法に対する理解を深めておくことが必要です。その際には、独占禁止法に違反をすると刑罰が科せられるなど、独占禁止法違反の行為を行った場合のリスクも説明するようにします。

　また、独占禁止法違反にあたるかどうかを従業員だけで判断せず、弁護士などの専門家に相談できる体制を作ることも必要です。

　なお、万が一会社が不当な取引制限に該当する行為をして、独占禁止法に違反する行為を行った場合には、一刻も早く公正取引委員会に報告することが必要です。不当な取引制限に該当する行為を行った事業者に対しては、課徴金が課されますが、その事実を公正取引委員会に報告した事業者の課徴金の額は減免されます（135ページ）。減免される課徴金の率は、最初に報告をした事業者が一番大きくなり（全額免除される場合もあります）、報告が遅れれば遅れるほど減額される率は小さくなってしまいますので注意が必要です。

Q 官製談合防止法とはどんな法律なのでしょうか。

A 官製談合防止法（入札談合等関与行為の排除及び防止並びに職員による入札等の公正を害すべき行為の処罰に関する法律）は、公共事業の入札に関する事業者同士の談合に対して、国や地方公共団体の担当者が予定価格を漏らすなどの方法で関与することを防ぐ法律です。

通常は、公共工事等を発注する側である国や地方公共団体の担当者は談合の当事者でないため（当事者はあくまで事業者）、独占禁止法による摘発の対象外です。しかし、国や地方公共団体の担当者が入札談合に関与するという官製談合が社会問題化したことから、国や地方公共団体の職員が入札談合に関与する官製談合を規制する目的で、官製談合防止法が制定されました。

官製談合防止法では、国や地方公共団体の職員が、①事業者らに入札談合を行わせること、②入札や契約に関する情報のうち特定の事業者が入札談合等を行うことが容易となる秘密情報を漏えいすること、③事業者の依頼を受けて入札談合等を容易にする目的で入札に参加する者として特定の者を指名することなどが禁止されています。

また、国や地方公共団体の職員が入札談合に関与していることが発覚した場合には、公正取引委員会は各省庁や地方公共団体の長に対して、職員による入札談合関与行為を排除するよう改善措置を要求することができます。

国や地方公共団体の職員が、事業者に談合を行うようそそのかしたり、事業者に入札等に関する秘密を教示することで、入札等の公正さが失われた場合には、その職員に対しては、5年以下の懲役または250万円以下の罰金が科されます。

5 事業者団体規制について知っておこう

事業者の集合体による行為も独禁法で規制される

● 事業者に該当する場合

　独占禁止法上の事業者とは、商業・工業・金融業などの事業を行う者のことをいいます。商品などの経済的な利益を供給することに対応して反対給付を継続して受ける経済活動を行う者は事業者に該当します。たとえば、商品を販売している企業は、商品を消費者に供給して、商品を消費者に供給する代わりに消費者から金銭を受け取っているので、事業者に該当します。

　事業者に該当するのは企業だけではありません。何らかの経済的な事業を行っていれば、企業以外でも事業者に該当します。

　たとえば、国や地方公共団体も何らかの経済活動を行う限りで事業者に該当します。東京都がと畜場を営んでいたという事例では、東京都が事業者に該当するとされています。また、医師や弁護士など自由業を営んでいる者も、経済活動を行っていることには変わりがないので、事業者に該当します。

● 事業者団体規制とは

　事業者団体とは、事業者としての共通の利益を図ることを目的としている複数の事業者の連合体（または結合体）のことをいいます。たとえば、事業分野ごとに企業が加入している、○○協会や○○連合会といった団体が事業者団体に該当します。

　通常、独占禁止法違反となるような、市場での競争を制限する行為は事業者によって行われます。前述した私的独占や不当な取引制限は、事業者による行為を対象とした規制です。

しかし、市場での競争を失わせる行為は、事業者同士の連合体である事業者団体によって行われることもあります。そのため、事業者団体に対しても独占禁止法による規制がなされています。

● どんな規制なのか

　次に、事業者団体によるどのような行為が独占禁止法により規制されているのかを見ていきます。

　まず、事業者団体としての意思決定により、市場での競争を制限することが禁止されています。たとえば、事業者団体が、特定の事業者の活動を妨害して、その事業者が事業活動を継続できない状態に陥らせて、市場での競争を失わせることがこれに該当します。また、事業者団体の構成事業者同士が話し合って、入札談合やカルテルを行うことも、事業者団体として市場での競争を制限する行為に該当し、独占禁止法による規制を受けます。入札談合やカルテルは、通常は事業者同士で行われますが、事業者同士の連合体である事業者団体の中でも、入札談合やカルテルが行われるケースがあります。

　市場での事業者の数を制限しようとする事業者団体の行為も、独占禁止法による規制を受けます。たとえば、事業者団体が新規参入しようとしている事業者や、既存の事業者の活動を妨害することが該当します。新規参入しようとしている事業者との取引を拒絶すれば、新規参入事業者に対する妨害行為になります。また、事業者団体に加入しないと事業者としての活動が困難になる場合に、事業者団体が正当な理由なく特定の事業者の加入を拒否することも事業者の数を制限することになります。

　たとえば、医師は医師会に加入しなければ、事実上医師としての活動を行うことが困難です。そのため、医師会が正当な理由なく特定の医師の加入を拒否すれば、それは事業者の数の制限に該当します。

6 その他どのような規制があるのか

業界ごとのルールが独禁法に反する可能性がある

● 事業者団体による自主規制について

　事業者団体では、流通の合理化や商品の安全性の確保といったことを目的として、商品の規格や品質等に対して自主規制を定めることがあります。しかし、事業者団体が自主規制を行うことにより、市場での競争が阻害されてしまう可能性があります。市場での競争を阻害させるような事業者団体の自主規制は、独占禁止法違反となります。

　独占禁止法違反となりやすい事業者団体による自主規制としては、特定の商品の価格や生産数量を制限する自主規制が挙げられます。商品の価格や生産数量を直接に制限すると、市場での競争を失わせる可能性が高いので独占禁止法違反となってしまいます。

　反対に、独占禁止法違反となりにくい事業者団体による自主規制としては、商品を規格化する目的で設定される自主基準が挙げられます。同じ種類の商品の規格がバラバラだと、消費者としては購入したい商品の規格を逐一調べる必要があり不便です。しかし、商品の製造者間で規格を合わせて統一しておけば、消費者は規格化された商品を購入すればよいので、消費者にとって利益になります。そのため、商品を規格化する目的で設定される自主基準は、独占禁止法違反となりにくいといえます。

　また、商品の安全性を確保するための基準も、独占禁止法違反となりにくいといえます。当然のことながら、商品が安全でなければ消費者はその商品を購入しません。事業者団体として商品の安全性を確保するための自主基準を設定していれば、それは消費者の利益となるので、独占禁止法違反になる可能性は低いといえます。

● 事業者団体による情報規制について

　事業者団体は、特定の業界の商品の情報等を収集し、その情報を消費者や事業者に対して提供しています。この事業者団体の情報活動により、事業者相互の価格設定や生産数量が予測可能になり、商品の価格が一致するような場合には、事業者団体による情報活動が独占禁止法に違反する可能性があります。

　独占禁止法違反となりやすい事業者団体による情報活動としては、商品の価格についての目安になるような情報を提供する活動が挙げられます。商品価格の目安になるような情報を与えられた事業者団体に所属する事業者は、その情報に従って商品価格を決定する可能性があります。複数の事業者が情報に従って商品価格を決定すると、事業者ごとの商品価格が一致して、市場での競争が失われてしまいます。そのため、商品の価格についての目安になるような情報活動は、独占禁止法違反となる可能性が高いといえます。

　逆に、独占禁止法違反となりにくい事業者団体の情報活動としては、過去に行われた活動の報告や、商品に使われている技術に関する情報提供が挙げられます。商品の価格や生産数量に関わる情報ではなく、市場での競争に影響を与えないような情報であれば、事業者団体が情報活動を行ったとしても、独占禁止法違反にはなりにくいといえます。

■ 事業者団体による自主規制と独占禁止法違反

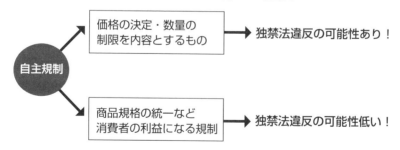

第3章

不公正な取引方法と制限

1 不公正な取引方法について知っておこう

公正取引委員会による指定もある

● どんなことなのか

　不公正な取引方法とは、公正な競争を阻害するおそれがある行為のことをいいます。不公正な取引方法は、私的独占や不当な取引制限と並んで、独占禁止法の重要な規制の柱です。不公正な取引方法に該当する行為に対しては、公正取引委員会によってその行為を行わないよう排除措置命令が出されます。また、不公正な取引方法を行った場合には課徴金が課されます（課徴金納付命令）。ただし、不公正な取引方法を行ったとしても、刑罰が科されることはありません。

　不公正な取引方法は、競争を失わせる私的独占や不当な取引制限の手段として行われることがあります。しかし、私的独占や不当な取引制限の手段となっていない場合、つまり競争を失わせない場合であっても、公正ではない方法を用いて有利な立場に立とうとする行為は、不公正な取引方法として独占禁止法で規制されています。

　どのような行為が不公正な取引方法に該当するかについては、独占禁止法の規定するものと公正取引委員会の指定によるものがあります（次ページ図参照）。

　独占禁止法が規定する不公正な取引方法は5つ（共同の取引拒絶、差別対価、不当廉売、再販売価格の拘束、優越的地位の濫用）です。一方、公正取引委員会の指定で規定する不公正な取引方法は、あらゆる業種に適用される一般指定と、特定の業種に適用される特殊指定に分けられており、一般指定は15種類あります。

● 再販売価格の拘束とは

　商品を販売した取引相手が、さらに別の相手に商品を販売しようとする場合に、商品の販売価格を拘束することが再販売価格の拘束に該当します。つまり、「A→B→C」の順で商品が売られていく場合に、BとCの間の商品の取引価格をAが決めることです。再販売価格の拘束については、73ページで後述します。

● その他にはどんなものがあるのか

　公正取引委員会の一般指定で規定する不公正な取引方法のうち、2つの類型を見ていきましょう。排他条件付取引（85ページ）とは、取引相手が自分の競争相手と取引しないことを条件としてとして取引をすることをいいます。たとえば、AとBとCが競争関係にあり、DがA、B、Cに共通の顧客だとして、AがDと取引する際に、「DはBやCと取引をしない」という条件を付けることが排他条件付取引に該当します。

　抱き合わせ販売（83ページ）とは、ある商品に他の商品を合わせて販売することをいいます。不人気商品を売りさばく目的で、不人気商品を人気商品と合わせる形で抱き合わせ販売が行われます。

■ 不公正な取引方法に該当する行為

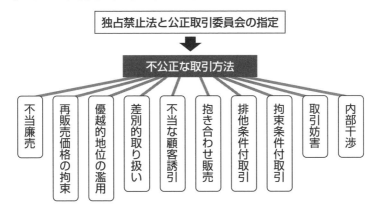

2 共同の取引拒絶について知っておこう

他企業と共同して取引を拒否してはいけない

● どのようなことなのか

　競争者と共同して、特定の事業者との取引を拒絶したり、他の事業者に対して特定の事業者との取引を拒絶するよう依頼することを共同の取引拒絶といいます。

　たとえば、商品のメーカーA、Bは、小売業者C、D、Eに対して商品を販売する関係にあったとします。このとき、AとBが共同してEとの取引のみを拒絶することが取引拒絶に該当します。

　また、同じように、メーカーA、Bと小売業者C、D、Eがいる場合に、CとDがAとBに対し「Eと取引しないでほしい」と依頼して、実際にAとBがEとの取引を拒絶することも共同の取引拒絶といいます。

　前者のAとBが主導して行う場合を直接の取引拒絶、後者のCとDが主導して行う場合を間接の取引拒絶といいます。

　共同の取引拒絶は、商品を安売りしている事業者がいる場合に、その事業者による商品の安売りを止めさせたい場合などに行われます。前述した例では、Eが商品の安売りをしていた場合、A～Dが商品をもっと高く売りたいと考えていたとすると、EはA～Dにとっては都合の悪い存在ということになります。そのため、Eによる商品の販売を不可能にするために、A～Dによる共同の取引拒絶が行われます。

● なぜ禁止されているのか

　共同の取引拒絶が行われると、取引を拒絶された者はその市場で活動することができなくなってしまいます。前述した例ですと、商品をメーカーA、Bから購入することができなくなったEは、その商品市

場からの撤退を余儀なくされます。Eが市場からいなくなれば、CやDの競争相手が減少する結果として、商品市場での競争が減少します。これは公正な競争を阻害するおそれがあるため、共同の取引拒絶は不公正な取引方法として独占禁止法の規制を受けます。

　本来、誰と取引をするかということは、自由に決定することができます。しかし、競争者と「共同して」特定の者との取引を拒絶することは、単に取引先を取捨選択するのではなく、何らかの不法な意図があると見ることができます。

　そのため、後述する単独の取引拒絶は原則として独占禁止法違反とはならない（78ページ）のとは異なり、共同の取引拒絶は独占禁止法違反となる可能性が高い行為だといえます。

　なお、共同の取引拒絶を行った場合でも、取引に一定の基準を設けてその基準を満たしていない者との取引を拒絶する場合には、取引拒

■ 共同の取引拒絶のイメージ

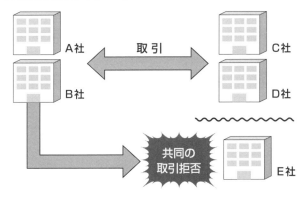

● A社・B社が主導して共同してE社との取引を拒否
　→「直接の取引拒絶」に該当する
● C社とD社が主導してA社・B社にE社との取引を拒否するように求める
　→「間接の取引拒絶」に該当する

絶に正当な理由があるとして、不公正な取引方法としての規制を受けない可能性があります。

たとえば、業界の中で商品の安全基準を定めている場合に、その安全基準を守らない企業がいる場合には、安全基準を守らない企業との取引を拒絶しても、不公正な取引方法としての規制を受けない可能性が高いといえます。

また、共同の取引拒絶を行ったとしても、他に競争相手がたくさんいる場合には、公正な競争が阻害されるおそれがないので不公正な取引方法として規制されません。

たとえば、競争関係にあるA、B、C、D、Eのうち、AとBだけが共同してFとの取引を拒絶しても、FはC、D、Eと取引できるので、FはAやBとは関係なく経済活動を継続できます。

このように自由な競争の基盤が侵害されていない場合には、共同の取引拒絶を行っても不公正な取引方法としての規制を受けません。

■ **独占禁止法の規制を受けない例**

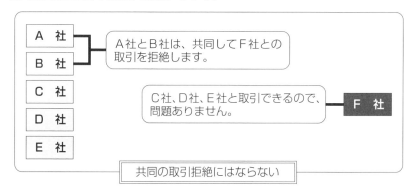

3 差別対価について知っておこう

地域によって価格を変えてはいけない

● どのようなことなのか

　差別対価とは、地域や取引相手に応じて、商品の価格を変えて取引することをいいます。

　たとえば、同じ商品を販売しているA会社が、その商品を東京では200円で販売し、大阪では100円で販売することが差別対価に該当します。A会社は、東京では競争相手がいないが、大阪には競争相手がいるという場合に、このような価格設定で商品を販売します。

　A会社は、東京では競争相手がいないので商品の価格を少し高めに設定しても消費者はその商品を購入します。しかし、大阪では競争相手がおり、商品を150円で販売しているB会社やC会社がいれば、商品を200円に設定すると消費者が購入してくれません。この場合、A会社が大阪では商品を100円で販売すれば、大阪の消費者はB会社やC会社の商品を購入しなくなります。A会社は大阪では赤字になったとしても、東京で利益をあげることができるので、倒産はしません。

　これに対し、B会社やC会社が大阪でしか商品を販売していないとすると、大阪で顧客を獲得できなければ、この商品市場から撤退するしかありません。B会社やC会社が大阪の市場から撤退すれば、大阪での競争相手がいなくなるので、A会社は東京と同じように商品を200円に値上げして販売することになるでしょう。

　このように競争者がいる地域でその競争者らを市場から排除するために、地域ごとで商品価格に差をつけることが行われる場合があります。

　同じように、競争相手の取引相手を奪う目的で差別対価が行われます。たとえば、AはXやYに対し、BはZに対し、それぞれ継続して商

品を販売しているという状況があったとします。このとき、Aが顧客としてZを獲得するために、XやYと取引をしている価格と比べて低い価格でZと取引することは差別対価になります。低い価格を提示されたZはBではなくAを取引相手として選ぶことになるので、AはBから顧客Zを奪うことができます。

● なぜ差別対価は禁止されているのか

　原則として、商品の価格は商品を販売する者が自由に決定することができます。これは、地域や取引相手によって価格を変更する場合も同様です。価格競争が激しい地域であれば、他の地域と比べて商品の価格を安くする必要があるのは当然のことだといえます。

　また、取引相手によって商品の価格を変えることについても、その取引相手が一度に大量の商品を購入するという理由で一個あたりの商品の値段を下げているような場合には、不当に商品価格を変更しているわけではないので、独占禁止法には違反しません。

　しかし、商品の販売価格によって、他の競争者が事業活動を行えないような状態になってしまうと、他の競争者が市場から撤退してしまい、その市場での競争が失われてしまう可能性があります。商品の価格に差を設けることが、他の競争者を排除する目的で行われ、実際に他の競争者らが市場から排除されるおそれがあるような場合に、公正な競争が阻害されるおそれが生じるので、差別対価は独占禁止法による不公正な取引方法として規制されます。

4 不当廉売について知っておこう

利益が出ない価格設定は禁止されている

● どのようなことなのか

　商品を販売に必要な費用を下回るような価格で販売し、他の事業者の活動を困難にすることを不当廉売といいます。資金力のある企業が安い価格で商品を販売し、資金力のない企業を市場から追い出す目的で行われます。

　たとえば、A社、B社、C社が同じ商品を販売しており、A社はB社やC社と比べて資金力を有する企業であったとします。それまでは、A〜C社の3社は1個200円前後で商品を販売していました。

　しかし、A社が1個100円で商品を販売し始めると、当然消費者はA社の商品のみを購入するようになります。商品を1個100円で販売しても、A社に利益は残りませんが、A社は資金力があるのですぐに倒産することはありません。

　他方、B社とC社は、消費者に自社の商品を買ってもらうためには、A社に対抗して商品の価格を1個100円未満に設定する必要がありますが、商品の価格を1個100円未満に設定してしまうと、B社とC社に利益が残りません。B社やC社は、商品の価格を1個200円にしたままだと消費者に購入してもらえず、1個100円未満にしてしまうと利益がでないという状態に陥り、資金力のないB社とC社は結局倒産してしまいます。

　こうして、B社とC社という競争相手がいなくなったA社は、商品の価格を高く設定できるようになります。このように、他の事業者が事業活動をできないようにする目的で不当廉売が行われます。

　どの程度の商品価格を設定すると不当廉売になるかについては、仕

入原価(または製造原価に販売費と一般管理費(人件費や光熱費など)を加えた価格)が一つの目安になります。この価格のことを総販売原価といい、総販売原価を下回る価格設定がされているかどうかが、不当廉売になるかどうかの大きな目安になります。

● なぜ禁止されているのか

　不当廉売が行われると、他の事業者の事業活動が難しくなる結果として、公正な競争が阻害されてしまいます。前述した例では、B社やC社は、A社の不当廉売によって商品を販売できなくなっています。

　A社は、単に資金力に頼って商品の価格を安く設定しているにすぎず、正当な企業努力によって商品の価格を下げているわけではありません。他方、B社やC社は、正当な企業努力をしているにもかかわらず、A社が不当に低い商品価格を設定しているために、商品を販売することができず、B社とC社は市場から排除されてしまいます。

　そうすると、この商品を販売する企業はA社だけになります。競争相手となる企業がいないので、A社は商品の価格を高くすることが可能になり、消費者はA社が設定した価格でその商品を購入せざるを得ません。このように、事業者が市場で活動困難になり、消費者に不利益となる事態が生じることを防ぐために、不当廉売は禁止されています。

　なお、商品を著しく安い価格で販売したとしても、その価格設定に正当な理由があれば不当廉売にはなりません。

　たとえば、生鮮食料品の賞味期限が切れそうなために、その生鮮食料品を原価割れするような値段で販売したとしても、不当廉売にはなりません。売れないままで賞味期限が切れてしまうよりは、低い価格でも販売した方が店の利益になるからです。同様の理由で、季節ものの商品をその季節の終わりに安く販売することも不当廉売にはなりません。季節ものの商品はその季節が終わってしまえば売れなくなるので、低い価格でも販売する必要性があります。

また、新規開店セールや閉店売り尽くしセールの際に商品を安売りすることも不当廉売にはなりません。新規開店セールの際には、その店の存在を消費者に知ってもらうためにセールを行う必要性がありますし、閉店売り尽くしセールの場合には在庫をすべて処分する必要性があります。
　このように、著しく低い商品価格を設定したとしても、その価格設定に正当な理由があれば、不当廉売にはなりません。

■ 不当廉売とは

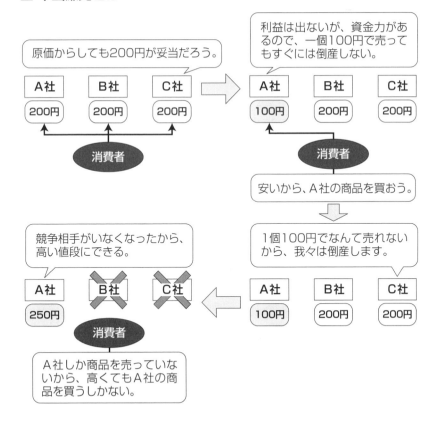

● 具体例にはどんなものがあるのか

不当廉売に該当するとされた事例について2つ紹介します。

2つの大手のスーパーマーケットがある地域で、その2つのスーパーマーケットが目玉商品である牛乳を原価割れするような値段で販売したことが不当廉売であるとされた事例があります。この2つのスーパーは、消費者が自分の店舗へ足を運ぶように、目玉商品である牛乳の価格を著しく低く設定していました。

しかし、これによって大手スーパーの周辺にいる牛乳専門店は、自分の店に客が来なくなり、大きな痛手を受けました。牛乳専門店が牛乳市場から排除されてしまう可能性があるので、2つの大手スーパーの牛乳の価格設定は不当廉売であるとされました。

また、中部地域において、新聞社が原価を下回る価格で新聞を販売したことが不当廉売であるとされた事例もあります。公正取引委員会は、不当廉売とならないためには1か月一部あたり812円以上で販売することが必要であるにもかかわらず、その新聞社は1か月一部あたり500円で販売していたので、不当廉売に該当すると判断しました。

■ 不当廉売にあたる例

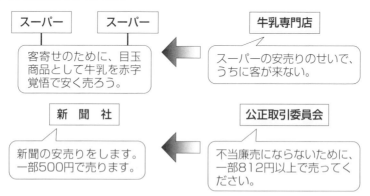

5 再販売価格の拘束について知っておこう

取引相手の販売価格を決めてはならない

● どんなことなのか

　商品を販売した取引の相手に対して、その取引の相手が他社に転売する際の価格を決めることを再販売価格の拘束といいます。

　たとえば、A社がB社に対して商品を販売して、その商品はB社からC社へ転売されていたとします。このとき、A社が、B社とC社の間の取引価格を決定することが再販売価格の拘束になります。

　再販売価格の拘束が行われると、商品を安売りしようとする事業者が現れなくなってしまいます。前述した例では、Bが商品の安売りを行おうとしても、AがBとCの間の取引価格を決定しているために、安売りができません。安売りができなければ、事業者は価格競争ができません。そのため、再販売価格の拘束は不公正な取引方法として独占禁止法により規制されています。

　なお、相手に対して単に希望小売価格を示すことなどは、再販売価格の拘束にはなりません。前述の例では、AがBに対して、「Cとの取引では○○円で販売してほしい」と述べているだけであれば、再販売価格の拘束にはなりません。しかし、Aが要求した価格でBがCに商品を販売した場合に、AはBに対してリベート（Aの要求に従ったことに対する報酬）を渡すなど、Aが提示する価格で販売することを奨励しているのであれば、再販売価格の拘束に該当します。逆に、Aが提示する価格で販売しなければ、AがBから違約金を徴収しているような場合も、Aが提示する価格をBに強制していることになるので、再販売価格の拘束に該当します。

　また、「○○円で販売せよ」というように特定の金額を指定した場

合だけでなく、「指定する金額の○％引き以内の価格」というように、価格に幅をもたせている場合でも、再販売価格の拘束に該当します。

● 再販売価格の拘束に該当しない場合

販売価格を指定したとしても、取引相手には単なる取次をさせているような場合には、再販売価格の拘束として独占禁止法で規制されることはありません。

たとえば、A社が、B社と消費者の間の取引価格を決定していたとしても、B社はA社から委託を受けて販売しているというような場合には、A社が消費者に対して直接販売しているのと同じであるため、再販売価格の拘束には該当せず独占禁止法に違反しません。

A社が消費者に対して直接販売しているといえるかどうかは、商品を販売した場合の利益や商品が売れ残った場合のリスクを誰が負っているかで判断します。商品が売れた場合の利益をA社が受け取り、商品が売れ残った場合にA社がすべて在庫を引き取っているのであれば、B社は単にAに委託されて商品を販売しているにすぎません。消費者に対する商品の販売についてA社がすべてのリスクを負っているので、

■ 再販売価格の拘束のイメージ

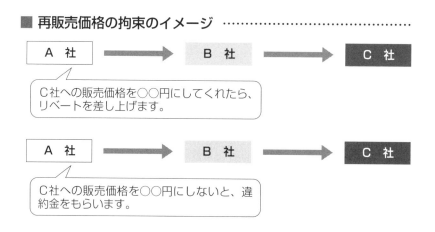

A社が消費者に直接販売しているといえ、A社がB社に販売価格を指定したとしても、独占禁止法に違反しません。

逆に、商品が売れ残った場合のリスクをB社が負っているような場合には、A社が直接に消費者に商品を販売していることにはなりません。商品が売れ残ったときに、A社から買い取った商品の在庫をB社が処分しているのであれば、B社が売れ残りのリスクを負担していることになります。この場合に、A社が再販売価格を決定することは、再販売価格の拘束として独占禁止法で規制されます。

◉ 再販売価格の拘束が許される場合

わが国では、書籍、新聞、雑誌、音楽ソフト（レコード・カセットテープ・音楽用CD）という一部の著作物について、例外的に再販売価格の拘束が認められています（法定再販商品）。これを再販制度といいます。出版物などによる表現の自由を確保することや、地域を問わず文化を享受できるとするのが消費者に最大の利益となることが、再販制度を許容する根拠であると考えられています。

■ 規制が及ばない場合

```
    A 社     ───────▶     B 社

・B社には私の代わりに商品の販売をして      私は、単にA社の代わり
  もらいます。                              として活動します。
・商品を販売して得られる利益は、すべて
  A社が受け取ります。
・商品が売れ残った場合はすべてA社が引
  き取ります。B社に負担はさせません。

              ▼
      再販売価格の拘束にはならない
```

第3章 不公正な取引方法と制限

6 優越的地位の濫用について知っておこう

立場を利用して不当な要求をしてはならない

● 優越的地位とは

　優越的地位とは、取引の相手方との関係で相対的に優位な状況にあることをいいます。

　たとえば、大企業であれば、取引先の中小企業に対して優越的な地位にあることが多いといえます。中小企業にとっては、大企業が重要な取引先であり、大企業との取引を絶たれると経営が立ち行かなくなる可能性があるといえます。そのような場合には、大企業が取引先の中小企業に対して優越的な地位にあるといえます。

　また、企業の規模が大きくない場合であっても、取引先に対して優越的地位に立つことがあります。たとえば、ある商品の製造過程において１つの中小企業しか持っていない技術や特許を利用する必要がある場合、その中小企業は、たとえ取引先（製造業者）の中に大企業がいるとしても、その大企業を含めた取引先と比べて優越的な地位にあるということができます。

　優越的地位にある企業から何らかの要求をされた場合、他の企業はその要求に従わざるを得ません。このように、取引の相手方からの不当な要求を受け入れなければならない関係がある場合に、その取引の相手方に優越的地位があることになります。

● どんな行為なのか

　取引上優越的地位にある事業者が、自らが優越的地位にあることを利用して、取引先に対して、自らに経済的な利益を提供させたり、取引先にとって不利な取引条件を押し付けたりするなど、取引先に対し

て不当に不利益を与える行為が優越的地位の濫用になり、独占禁止法で規制されます。ここでは、優越的地位の濫用の事例をいくつか見ていきましょう。

・事例1

　大手のコンビニエンスストアが、商品を納入する業者に対して不当に金銭の提供を要求し、日用雑貨を代金1円で納入させていたという事例です。大手のコンビニに商品を納入している業者は、大手のコンビニが重要な取引先となっているので、商品の代金を1円にするという理不尽な要求にも従わざるを得ません。そのため、この大手のコンビニによる行為が優越的地位の濫用に該当します。

・事例2

　商品の納入業者に対して、大手の百貨店がさまざまな不当要求をしたという事例です。大手の百貨店は、自己の店舗で行う催し物の費用の一部を商品の納入業者に負担させたり、百貨店が販売している商品を購入させていました。その催し物や商品は、大手百貨店と納入業者との本来の取引とは関係がないものですが、多くの納入業者にとってこの大手百貨店は重要な取引先なので、大手百貨店の要求を断ることはできません。そのため、大手百貨店の行為は優越的地位の濫用に該当します。

・事例3

　大手のディスカウントストアが商品の納入業者に対して不当な要求をしたという事例です。大手のディスカウントストアは自社の店舗を新規にオープンする際に、商品陳列の作業を納品業者の従業員に行わせるといったことをしていました。納入業者の多くは、この大手のディスカウントストアが重要な取引先となっており、大手のディスカウントストアの要求に従わざるを得ません。そのため、この大手のディスカウントストアの行為は優越的地位の濫用に該当します。

7 単独の取引拒絶について知っておこう

不当に取引を拒否してはいけない

● どんな行為なのか

　特定の事業者との取引を拒絶したり、他の事業者に特定の事業者との取引を拒絶させることを単独の取引拒絶といいます。

　単独の取引拒絶には、直接の取引拒絶と間接の取引拒絶があります。

　直接の取引拒絶とは、Ａ社とＢ社が取引関係にある場合に、Ａ社がＢ社との取引を拒絶することをいいます。間接の取引拒絶とは、Ａ社がＢ社と取引をしており、Ｂ社はＣ社と取引をしているときに、Ａ社がＢ社に対してＣ社との取引を止めさせることをいいます。つまり、自社が取引先との取引を拒絶することが直接の取引拒絶、取引先に他社との取引関係を拒絶させるのが間接の取引拒絶になります。

　取引拒絶には、単独の取引拒絶の他に共同の取引拒絶があります。事業者が単独で取引拒絶を行うのが単独の取引拒絶、他の事業者と共同して取引拒絶をするのが共同の取引拒絶になります。共同の取引拒絶についての詳細については64ページを参照してください。

　どのような相手と取引をするかについては、本来は事業者が自由に決定できる事柄です。そのため、自社が単独で特定の相手との取引を拒絶することは、それだけで単独の取引拒絶として独占禁止法により禁止されるわけではありません。

　しかし、市場での競争を阻害する効果が生じる場合に、単独の取引拒絶が独占禁止法によって規制されます。

● 違法な取引拒絶にあたる場合とは

　単独の取引拒絶が行われることで取引を拒絶された者の事業活動が

困難になる場合には、単独の取引拒絶が公正な競争を阻害する効果をもつので、取引の拒絶が独占禁止法によって禁止されます。事業者の事業活動が困難になってしまうと、市場で競争をする事業者の数が減少し、市場での競争が失われてしまいます。そのため、単独の取引拒絶により事業の継続ができなくなる事業者がいる場合には、取引の拒絶が禁止されます。

また、他の独占禁止法に反する行為のための手段として単独の取引拒絶を行う場合も、公正な競争が阻害されるので、単独の取引拒絶が独占禁止法によって禁止されます。

たとえば、再販売価格の拘束を行うための手段として単独の取引拒絶が行われることがありえます。A社・B社・C社の順で商品が流通し、A社がB社とC社の間の取引価格を決めることが再販売価格の拘束ですが、B社がA社の要求に従わなかった場合に、自らの要求に従わなかったことの制裁としてA社がB社との取引を拒絶したとします。この場合、A社は再販売価格を拘束するために取引拒絶という手段を用いているので、独占禁止法に反する行為の手段として単独の取引拒絶が行われているといえます。

■ 単独の取引拒絶のイメージ

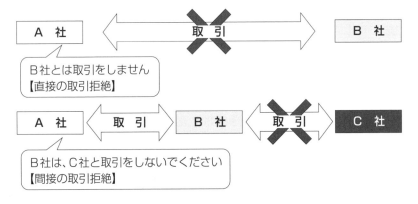

Q 独占禁止法上、差別的取扱いも不公正な取引方法のひとつですが、どのような行為が差別的取扱いにあたるのでしょうか。

A 特定の事業者に対して、取引の条件または実施について、他の事業社と比べて不当に有利または不利な取扱いをすることを、差別的取扱い（取引条件等の差別取扱い）といいます。

取引の条件であれば、代金の決済方法、商品の引渡し方法など、あらゆる取引条件等の差別的取扱いが、不公正な取引方法のひとつとして独占禁止法の規制の対象となる可能性があります。

また、差別的取扱いは、事業者だけではなく、事業者の連合体である事業者団体によって行われる場合もあります。通常、事業者団体が市場での競争を制限する行為は、事業者団体としての規制を受けますが（57ページ）、これ以外にも、差別的取扱いについては事業者団体としての行為についても、不公正な取引方法のひとつとして独占禁止法の規制がかけられています。

●差別的取扱いにあたる場合とは

どの事業者とどのような取引条件で取引するかについては、本来は各事業者が自由に決定できる事柄です。そのため、取引相手ごとに異なる取引条件を付したことを理由に、直ちに差別的取扱いとして独占禁止法の規制を受けるわけではありません。

しかし、事業者ごとに異なる取引条件を付することで、公正な競争を阻害する効果を生じさせる場合には、差別的取扱いに該当するとして、独占禁止法による規制がなされます。たとえば、差別的な取扱いを受けた事業者の事業活動が困難になり、市場での競争者の数が減少するような場合には、市場での競争が失われてしまうので、取引相手ごとの取引条件の差別が禁止されます。

8 不当な顧客誘引について知っておこう

消費者に誤認させてはならない

● 不当な利益による顧客誘引

　不当な利益によって、競争者の顧客を自分と取引するよう誘引することを不当な利益による顧客誘引といいます。

　たとえば、商品を購入した際に、高額の景品を付けることが不当な利益による顧客誘引に該当します。商品に付随して提供するのは物品だけではなく、金銭やサービスを提供することも不当な利益に該当します。

　不当な利益による顧客誘引に該当するとされた事例には、ルームクーラーの購入者に対してテレビなどを提供したという事例があります。この事例では、ルームクーラーを販売している事業者がルームクーラーを購入した者に対して、カラーテレビを提供したり飛行機等を利用した旅行に招待していました。上記の行為がなされた当時はカラーテレビは非常に高価なもので、飛行機を利用した旅行も現在ほど手軽に行けるものではなかったことから、ルームクーラーにこれらの商品やサービスを付けることが不当な利益による顧客誘引であるとされました。

　なお、不当な利益による顧客誘引は、独占禁止法だけではなく景表法による規制を受けます。ここでは、不当な利益による顧客誘引の具体例として、ぎまん的顧客誘引を見ていきましょう。

● ぎまん的顧客誘引

　ぎまん的顧客誘引（ぎまん的顧客誘引）とは、不当な顧客誘引の形態のうちのひとつです。自分の販売している商品等が、実際のものや

競争者の商品等と比べて著しく優良なものだと顧客に誤認させて、競争者の顧客を自分と取引するよう誘引することがぎまん的顧客誘引になります。

商品等に関して顧客に誤認させるための手段は問いません。商品のパッケージの表示だけではなく、新聞やテレビでの広告や商品の使い方を実演するという広告も、商品が実際のものよりも著しく優良であると顧客に誤認させるものであれば、ぎまん的顧客誘引に該当します。

ぎまん的顧客誘引が問題になる典型例は、商品の表示と商品の内容が異なっているというケースです。かつて、牛の絵が描かれた缶詰の中に馬や鯨の肉が入っていたという事件（150ページ）があったのですが、この缶詰業者が行ったことはぎまん的顧客誘引に該当します。

なお、自己の商品について実際のものより著しく優良であると表示することは、景表法によっても規制されています（優良誤認表示）。以下では、景表法違反とされた事例を紹介します。

・事例1

旅行会社がパンフレットに「沈まない太陽を訪れる」という表現を用いて、いつでも「沈まない太陽」である白夜を体験できるという広告をしたが、実際には「沈まない太陽」を必ず見ることができるというわけではなかったという事例では、旅行会社の行為が景表法に違反するとされました。

・事例2

また、司法試験対策講座を提供している事業者の広告が景表法違反であるとされた事例もあります。この事業者は、司法試験合格者の9割以上がこの事業者の司法試験対策講座を受講していたかのごとく広告をしていました。しかし、実際には、この「9割以上」という数字は、口述試験会場までの送迎バスを利用した者や受験願書の提供を受けた者など、司法試験対策講座を受講していない者を含めて算出されたものでした。そのため、この事業者の広告は景表法に違反します。

9 抱き合わせ販売等について知っておこう

不要な商品を押し付けてはならない

● どのようなことなのか

　取引の相手方に対して、本来販売しようとしている商品やサービスにあわせて、他の商品やサービスを購入させることを抱き合わせ販売といいます。主たる商品をＡ、従たる商品をＢとした場合に、ＡとＢを合わせて販売することが抱き合わせ販売になります。自社がＡを販売する場合に、Ａとあわせて取引の相手方に自社が指定する事業者からＢを購入させることも抱き合わせ販売に該当します。

　抱き合わせ販売となるためには、主たる商品と従たる商品が全く別の商品であることが必要であり、１つの商品として扱われている場合には抱き合わせ販売にはなりません。たとえば、レンタカーを貸すときに自動車保険をセットで販売したとしても、レンタカーと自動車保険を合わせて１つの商品として扱うことができるので、この２つを合わせて販売しても抱き合わせ販売にはなりません。

　また、抱き合わせ販売となるためには、主たる商品と従たる商品を合わせて購入することを買い手が強制させられていることも必要です。たとえば、歯ブラシと歯磨き粉を合わせて「旅行用」として販売しているとしても、消費者が歯ブラシと歯磨き粉をそれぞれ個別に購入することができるのであれば、歯ブラシと歯磨き粉を合わせて購入するよう強制させられているわけではありません。この場合は「旅行用」としてこの２つを合わせて販売したとしても、抱き合わせ販売にはなりません。

　抱き合わせ販売が行われると、顧客が不要な商品を購入させられてしまいます。また、主たる商品の市場での競争が従たる商品の市場で

の競争に影響を与えます。つまり、従たる商品の市場での競争が失われる可能性があります。そのため、抱き合わせ販売は独占禁止法によって禁止されています。

● どんな具体例があるのか

　抱き合わせ販売であると公正取引委員会によって認定された事例を見ていきましょう。

　パソコンのソフトを制作している会社（A社とします）の行為が抱き合わせ販売であるとされた事例があります。A社は、自社が開発したワープロソフトを表計算ソフトと合わせてパソコンに搭載するようパソコン製造業者に要求しました。A社の開発した表計算ソフトは消費者に人気があったので、パソコン製造業者はA社の表計算ソフトを搭載する必要がありました。そのため、パソコン製造業者はA社の要求を受け入れ、ワープロソフトと表計算ソフトを合わせてパソコンに搭載しました。このようなA社の行為は抱き合わせ販売に該当します。

　ゲームソフトを販売している会社（B社とします）の行為が抱き合わせ販売であるとされた事例もあります。B社は、人気ゲームソフトに不人気ゲームソフト3本を合わせて小売業者に販売しました。小売業者は人気ゲームソフトを手に入れるために、B社の要求通り不人気ゲームソフト3本を合わせてB社から購入せざるを得ませんでした。このようなB社の行為は抱き合わせ販売に該当します。

■ 抱き合わせ販売のイメージ

10 排他条件付取引について知っておこう

秘密を守るために許されることもある

● どんな行為なのか

　相手方が自分の競争者と取引をしないことを条件としてその相手方と取引を行い、競争者の取引の機会を減少させるおそれを生じさせることを排他条件付取引といいます。

　排他条件付取引の形態は3つのパターンに分けられます。

・パターン1

　商品の売り手が、商品を購入する者に対して自分の商品のみを購入させる排他的供給取引です。たとえば、AとBが同じ商品を販売しており、その商品をCが購入しているという関係がある場合に、AがCに自分の商品のみを購入させ、CがBから商品を購入することを禁止するというのが排他的供給取引になります。

・パターン2

　商品の買い手が商品の売り手に対して、買い手の競争者に商品を供給しないことを条件として取引をする排他的受入取引です。たとえば、Dが商品を販売しており、EとFがその商品を購入するという関係がある場合に、EがDに商品をすべてEに販売するよう命じ、DからFに商品を販売することを禁止するというのが排他的受入取引になります。

・パターン3

　取引を行う者同士が、互いに相手方とのみ取引をする相互排他条件付取引です。商品の売り手も買い手のどちらも、特定の相手としか取引をしないことにするのが相互排他条件付取引になります。

● 不当性がない場合もある

　取引の相手方が自分の競争者と取引をしないことを条件としていたとしても、不当性がないとして独占禁止法によって禁止されない場合があります。まず、完成品となる商品を製造している業者が、商品の部品を作っているメーカーに原材料を供給して、自分の商品の部品を作らせている場合に、完成品製造業者が部品メーカーの製造する部品をすべて自分に納入させることは、独占禁止法に違反しないとされる場合があります。完成品製造業者は自分の商品の部品を作る目的で部品メーカーに原材料を提供しており、部品メーカーの製作する部品をすべて完成品製造業者に販売させる正当な理由があるといえるからです。

　また、商品の完成品を製造している業者が、商品の部品を製造している業者に対して、自社の保有している秘密のノウハウを提供することで商品の部品を製造させている場合には、部品製造業者の作る部品をすべて完成品製造業者に販売させることは不当ではありません。この商品の部品は、完成品製造業者が秘密にしているノウハウを使って作られています。そのため、この部品が他の企業に販売されてしまうと、完成品製造業者が秘密にしているノウハウが流出する可能性があります。自社の保有しているノウハウの流出を防ぐという正当な理由があるので、部品製造業者の製造する部品を自社に対してのみ販売させることは独占禁止法に違反しません。

■ 排他条件付取引のイメージ

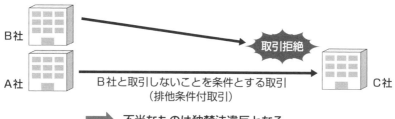

11 拘束条件付取引について知っておこう

販売地域、販売相手、販売方法などを限定してはならない

● どんな行為なのか

　相手方の事業活動を不当に拘束する条件をつけて、その相手方と取引をすることを拘束条件付取引といいます。

　前述した再販売価格の拘束や排他条件付取引は、不当な条件をつけて相手方と取引をするという点では拘束条件付取引と同様です。しかし、再販売価格の拘束や排他条件付取引以外にも、取引の相手方を不当に拘束するパターンがあります。そのような再販売価格の拘束や排他条件付取引に該当しない取引相手の拘束が、拘束条件付取引として規制されます。

　ここでは、どのような条件を付して取引をした場合に、拘束条件付取引として独占禁止法による規制を受けるのかを見ていきます。

● 拘束のパターン

　拘束のパターンとしてまず挙げられるのが地域制限です。地域制限とは、取引の相手方に対して商品を販売する地域を限定する条件を付して、その商品を販売することをいいます。たとえば、商品のメーカーAが、流通業者のB、C、Dに対して、「Bは東北で、Cは関東で、Dは関西でのみ商品を販売し、指定された地域以外で商品を販売してはならない」という条件をつけて商品を販売することが地域制限になります。地域制限は、業者間での競争が行われることを防ぎ、商品の価格を低下させないことを目的として行われます。

　取引先の制限という拘束のパターンもあります。取引先の制限とは、取引の相手方に対して商品を販売する相手を限定する条件をつけてそ

第3章　不公正な取引方法と制限

の商品を販売することをいいます。

　たとえば、商品のメーカーEが、卸売業者F、Gに対して、「Fは小売業者H以外に商品を販売してはならず、Gは小売業者I以外に商品を販売してはならない」という条件をつけて商品を販売することが取引先の制限になります。取引先の制限は、安売り業者が商品を入手することを防止する目的で行われます。取引先を制限する条件を付しておけば、新規参入してきた安売り業者が卸売業者から商品を入手しようとしても、商品の取引相手がメーカーEによって限定されているので、安売り業者が商品を手に入れることはできません。

　販売方法の制限も、拘束のパターンのうちのひとつです。販売方法の制限とは、商品の販売の際に、その商品の使用方法について消費者に説明するのを義務付けることや、商品の品質管理のための方法を限定すること、店舗内での商品の陳列場所を指定することなどをいいます。ただし、販売方法の制限を行ったとしても、合理的な理由があれば、独占禁止法違反とはなりません。

　たとえば、医薬品メーカーが医薬品販売業者に対して、医薬品を販売する際には消費者に医薬品の服用について指導するように義務付けていたことは、合理的な理由のある販売方法の制限です。

■ **拘束条件付取引のイメージ**

A社 → 東北でのみ販売することを条件に取引します。 → B社
A社 → 関東でのみ販売することを条件に取引します。 → C社
A社 → 関西でのみ販売することを条件に取引します。 → D社

12 取引妨害や内部干渉について知っておこう

競争者の契約を妨害してはならない

● 取引妨害とは

　取引妨害とは、競争者とその相手方との取引を妨害することをいいます。たとえば、AとBが取引をしており、CがAとの競争関係にあるという状態で、CがBに対してAと取引をすることを止めるように要求するなどしてAB間の取引を妨害した場合には、Cの行為は取引妨害に該当します。

　どのような手段であったとしても、競争者の取引を妨害すれば取引妨害となります。過去には、取引先を威圧することで競争者の取引を妨害したという事例があります。

　また、競争者との間で契約を締結している顧客に対して、一定の利益を提供することで競争者との契約を解除させることも取引妨害に該当します。前述した例では、AとBがすでに契約を締結しているにもかかわらず、CがBに対して「Aとの契約を解除して自分と契約してくれたら商品の値引きをする」ともちかけて、BにAとの契約を解除させることが取引妨害に該当します。

　さらに、輸入総代理店が、他の業者による並行輸入を妨害することも取引妨害に該当します。輸入総代理店とは、外国のメーカーから商品を輸入し、その商品を国内で独占的に販売している企業のことをいいます。輸入総代理店は、その商品を国内で独占的に販売することで利益を挙げていますが、別の業者がその商品を外国のメーカーから購入して国内で販売すると、独占的に販売することによる利益をあげられなくなってしまいます。この場合に、輸入総代理店が外国のメーカーに対して、別の業者に商品を販売しないよう依頼することがあり

ます。このような輸入総代理店の行為が取引妨害に該当します。

● 内部干渉とは

競争関係にある会社の株主や役員に対して、その会社の不利益となるような行為をそそのかしたり、強制することは内部干渉になります。

たとえば、A社とB社が競争関係にあり、A社はB社の株式の一部を保有しているという場合に、A社が株主権を行使してB社の経営に不利益となるように干渉することは内部干渉になります。他にも、B社の株主や役員に金銭等の利益を渡して、B社の意思決定に不当な影響を与えることも内部干渉になります。

また、これらの手段でなくても、競争関係にある会社の意思決定に干渉すれば内部干渉となります。

■ 取引妨害や内部干渉のイメージ

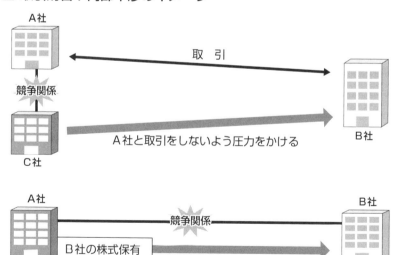

13 その他どんな行為が不公正な取引にあたるのか

親子会社の取引であれば不公正な取引にならない場合がある

● 国際的協定や国際的契約についての規制

　独占禁止法6条では、不当な取引制限や不公正な取引方法を内容とする国際的協定や国際的契約を締結してはならないと定められています。

　日本の事業者と外国の事業者の間の契約によって、不当な取引制限や不公正な取引方法に該当する行為が行われる場合には、不当な取引制限（独占禁止法3条）や不公正な取引方法（独占禁止法19条）の規定によって、日本の事業者と外国の事業者の間で行われる行為を規制することが可能です。

　これに対して、独占禁止法6条では、不当な取引制限や不公正な取引方法を内容とする国際的協定や国際的契約を締結することそれ自体を禁止しています。日本の事業者が国際的協定や国際的契約を締結した場合でも、その協定や契約を締結しただけで不当な取引制限や不公正な取引方法に該当しなければ、不当な取引制限や不公正な取引方法の規定を適用することはできません。しかし、独占禁止法6条の規定によれば、このような協定や契約を締結した段階で事業者を独占禁止法によって規制することができます。

　また、外国の事業者と日本の事業者が不当な取引制限や不公正な取引方法に該当する行為をしているが、外国の事業者の支店や事務所が日本にないなどの理由で、手続的に外国の事業者に対して独占禁止法を適用することができない場合でも、日本の事業者に対しては独占禁止法6条を用いることで規制をかけることができます。

　なお、独占禁止法6条に違反している事業者に対しては、公正取引委員会は違反行為に対して排除措置命令をすることが可能です。

● 親子会社間の取引とは

　不公正な取引方法は、事業者間の公正な競争が阻害されるために独占禁止法によって禁止されています。

　しかし、事業者同士が親子会社（株式を持つといった方法により、他社を支配する親会社と、親会社に支配されている子会社のこと）のような関係にあると、不公正な取引方法としての規制を及ぼすことが妥当ではない場合があります。親会社がどのような条件をつけて子会社と取引したとしても、一つの企業の中での活動であると見ることもできるからです。そのため、以下のような事情がある場合には、原則として不公正な取引方法による規制を受けません。

　第1に、親会社が子会社の株式を100％保有している場合には、その親子会社の間の取引は、原則として不公正な取引方法による規制を受けません。通常、親子会社間の取引は実質的に同一企業内の行為に準ずるものと見ることができるからです。

　第2に、親会社が子会社の株式を50％以上保有している場合であっても、親会社から子会社への役員派遣の状況、子会社の財務状況や営業状況への親会社への関与の方法からして、親子会社間の取引が実質的に同一企業内の行為に準ずるものと判断できるときにも、親子会社間の取引は、原則として不公正な取引方法による規制を受けません。

　ただし、親子会社間の取引が実質的に同一企業内の行為に準ずるものであったとしても、親会社が子会社に対して、子会社の取引先である第三者の事業活動を制限するよう指示をしているような場合には、第三者の公正な競争を阻害することになるので、親会社の行為は不公正な取引方法による規制の対象となります。

第4章

企業結合についての規制

1 企業結合とはどのようなものなのか

企業間がお互いの利益のために結びつくこと

● 企業結合とは

　合併や事業譲渡など、企業間がお互いの利益のためにさまざまな形態で結びつくことを企業結合といいます。企業結合をするための手段としては、合併、株式分割、株式交換・株式移転、事業譲渡、会社間での役員の兼任、共同出資といったさまざまな手法があります。主な企業結合手法の概要は以下の通りです。

● 合併

　合併とは、複数の会社がひとつの会社になることです。合併には吸収合併と新設合併があります。吸収合併は、合併する複数の会社のうちの1社が存続して、他の会社を吸収する方式です。新設合併とは、新しい会社を作って、合併する複数の会社が新会社に吸収される方式です。いずれの場合も吸収された会社は消滅します。

● 会社分割

　会社分割とは、1つの会社を2つ以上の会社に分けることです。会社分割には吸収分割と新設分割があります。吸収分割とは、会社が切り分けた事業を既存の他の会社に継承させる方法です。新設分割は、切り分けた事業を新設した会社として継承させる方法です。事業を分割する側の会社を分割会社、事業を継承する会社を承継会社と呼びます。

● 株式交換・株式移転

　株式移転や株式交換は、完全親子会社（子会社の株式を親会社がす

べて保有しているという関係の会社同士のこと）を作るための制度です。親会社となる会社が既存の会社である場合を株式交換といい、新設会社である場合を株式移転といいます。また、2社以上の株式会社が共同して株式移転をすることを共同株式移転といいます。

たとえば、M、Nを子会社とし、MとNが共同して新設のLを親会社とする共同株式移転を行うとします。この場合、Lを設立後、Mの株主全員の所有するMの株式をLに移転し、Nの株主全員の所有するNの株式をLに移転し、Mの株主であった者とNの株主であった者にLの株式を割り当てます。この結果、M、Nの株主はLのみとなるので、M、NはLの完全子会社となります。

◉ 事業譲渡

事業譲渡とは、会社の事業を他に譲渡（売却など）することです。会社が保有する従業員、工場、設備、仕入先、納入先、金銭などの個々の財産は、その財産以上の価値を持ちません。しかし、会社はこれらの財産を上手に組み合わせて、1つのしくみとして機能させることで利益を生み出しています。この「利益を生み出すしくみ」を「事業」といいます。

事業譲渡は取締役会の決議で行うのを原則としますが、①手がけている事業を全部譲渡する場合や、②複数ある事業のうち重要な事業を譲渡する場合は、会社に不測の損害が生じるおそれが高いため、株主総会の特別決議（原則として株主の議決権の過半数をもつ株主が出席し、出席した株主の議決権の3分の2以上が賛成することにより成立する決議のこと）が必要とされています。

なお、事業全部の賃貸または経営委任に関する契約の締結、変更、解約についても、事業の全部または重要な一部の譲渡と同様に株主総会の特別決議が必要になります。

2 企業結合をするための手続きについて知っておこう

株主総会決議や債権者保護手続きが要求されている

● 企業結合をするための手続き

　企業結合は会社の消滅や重要な事業の移転など、株主や関係者に重大な影響を与えますから、会社法上、書面の作成や情報の開示、株主総会や取締役会の決議など一定の手続きを経て行うことが要求されています。94ページで述べた主な企業結合手法についても以下のような手続きに沿って行う必要があります。

● 合併の手続き

　合併は、①合併契約の締結、②事前開示（合併契約に関する資料を本店に備え置く）、③株主総会決議（原則として当事会社の双方で株主総会の特別決議が必要）、④反対株主の株式買取請求、⑤債権者保護手続き（債権者に一定の事項を官報で公告し、かつ、特定済みの債権者には個別に催告をする）、⑥登記、⑦存続会社や新設会社による事後開示（事後開示書面を本店に備え置く）という手続きを経て行われます。

　なお、⑤は官報での公告に加えて、日刊新聞紙での公告または電子公告をすれば、債権者への個別の催告が不要になる、との例外があります（下記の会社分割でも同じ例外が適用されます）。

● 会社分割の手続き

　会社分割の手続きは合併とほぼ同じです。つまり、①会社分割契約の締結（吸収分割の場合）または会社分割計画書の策定（新設分割の場合）、②事前開示、③労働者保護手続き、④株主総会決議（原則と

して当事会社の双方で特別決議が必要)、⑤反対株主の株式買取請求、⑥債権者保護手続き(官報で公告、特定済みの債権者には個別の催告)、⑦登記、⑧事後開示という手続きを経ます。

①は新設分割の場合、自社のみで行うことから、契約締結ではなく「計画書の作成」です。また、④は「会社分割に伴う労働契約の承継等に関する法律」(労働契約承継法)によって、労働者や労働組合に対する書面(転籍などに関する事項を記載)の通知や、労働者による異議申立ての制度などが設けられています。

■ 合併手続の流れ

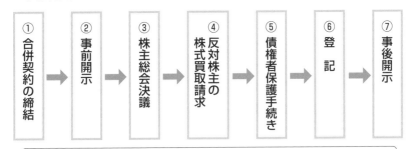

① 吸収合併は存続会社と消滅会社との間で、新設合併は消滅会社同士で合併契約を結ぶ

② 株主や会社債権者のために合併に関する資料を存続会社と消滅会社の各本店に備え置く(合併の効力発生日から6か月経過まで備え置く)

③ 株主総会決議については、原則として存続会社、消滅会社双方で株主総会の特別決議が必要

④ 合併に反対する株主は会社に対して公正な価格での株式の買取りを請求できる

⑤ 債権者に対する公告を行う。また、存在を知っている債権者には個別の催告が必要

⑥ 効力発生日から2週間以内に登記をする

⑦ 事後開示書面(消滅会社から引き継いだ権利義務などの事項)を本店に備え置き、株主や会社債権者が閲覧できるようにする(備え置く期間は、効力発生日から6か月間)

第4章 企業結合についての規制

● 株式移転の手続き

　株式移転は、①株式移転計画書の作成、②事前開示（完全子会社となる会社の本店に株式移転に関する資料を本店に備え置く）、③株主総会決議（原則として完全子会社となる会社において株主総会の特別決議が必要）④完全親会社となる持ち株会社（111ページ）の設立、⑤反対株主の株式買取請求権、⑥登記、⑦事後開示（完全親会社と完全子会社は、完全親会社成立の日から6か月間それぞれの本店に事後開示書面を備え置く）という手続きを経て行われます。株式移転は債権者保護手続きが不要である点が合併や会社分割と異なります。

　なお、①の株式移転計画書の作成については、共同株式移転（95ページ）を行う場合には、株式移転を行う2社以上の株式会社が共同して株式移転計画を作成しなければなりません。

■ 会社分割の手続き

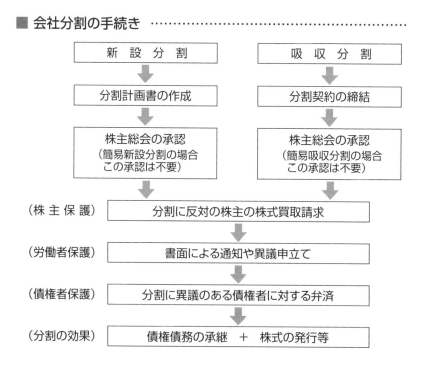

● 事業譲渡の手続き

　事業譲渡は、①事業譲渡契約の締結、②取締役会決議（「重要な財産の処分」「重要な財産の譲受け」については、取締役会の決議が必要）、③株主総会決議、④反対株主の株式買取請求（事業譲渡に反対の株主は、会社に株式の買取を請求する権利をもつ）、⑤権利移転手続き（譲渡する事業に関連した個々の資産について、債権者の承諾や登記など個別に権利を移転させる手続き）が必要になります。

　③の株主総会決議は、事業譲渡については「事業の全部の譲渡」または「事業の重要な一部の譲渡」にあたる場合に、株主総会の特別決議（95ページ）が必要になります。一方、事業譲受については、他社の事業を全部譲り受ける場合に、株主総会の特別決議が必要になります。なお、事業譲渡や事業譲受けについて、前述したいずれにも該当しない場合は、株主総会決議を経る必要がありません。

■ 事業譲渡のしくみ

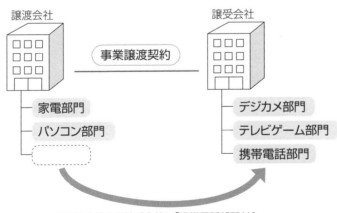

※譲渡会社から譲受会社に「携帯電話部門」が譲渡されたケース

3 企業結合規制というものがある

企業同士のつながりが規制される場合がある

● どんなことなのか

　企業結合規制とは、合併や事業譲渡などによって企業間のつながりが強くなることで市場での競争が失われる可能性がある場合に、その合併や事業譲渡などに対して制限をかけることをいいます。

　市場では企業同士が競争をすることで商品が改良され、価格が低下していきます。しかし、競争関係にある企業同士が合併をするなど、競争関係にある企業同士のつながりが強くなり過ぎてしまうと、その企業同士での競争が失われてしまいます。その結果、商品の改良や価格の低下が行われなくなる可能性がでてきます。このような事態を防ぐために、企業結合は独占禁止法によって規制されています。

　しかし、企業結合によって、商品の生産性、研究開発能力、流通、販売方法などの効率性が高められ、これによって消費者が利益を受ける場合もあります。そのため、企業結合を規制する際には、このような企業結合によるメリットを失わせないように配慮する必要があります。

　なお、企業結合規制に反して企業結合を行った場合、公正取引委員会は企業に対して排除措置命令（125ページ）を出すことができます。

● 企業結合審査の流れ

　会社による企業結合が独占禁止法に違反しないかを公正取引委員会が審査することを企業結合審査といいます。企業結合しようとする場合は、事前に公正取引委員会に対し企業結合計画の届出書を提出します（事前届出制）。公正取引委員会は、届出受理日から30日以内に、企業結合が①独占禁止法上問題ないか、②詳細な審査が必要かを回答

します（第1次審査）。②を回答した場合、公正取引委員会は、届出者に報告や資料の提出を要請し、90日以内に回答します（第2次審査）。この回答で排除措置命令前の通知を受けた届出者は、審判手続を経て排除措置命令がなされる可能性があります。

● 一定の取引分野とは

　企業結合によって、「一定の取引分野」における競争が制限される可能性がある場合に、その企業結合が規制されます。

　一定の取引分野とは市場のことです。一定の取引分野を広く捉えるならば、企業結合によって競争が制限される効果は小さくなります。反対に、一定の取引分野を狭く捉えるならば、企業結合によって競争が制限される効果は大きくなります。なぜなら、一定の取引分野を広く捉えた方が競争者が多くなり、企業結合による市場への影響が小さくなるからです。そのため、企業結合において一定の取引分野を画定することは重要だといえます。

■ 企業結合規制とは

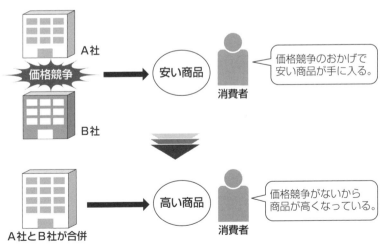

たとえば、ビール会社としてA社、B社があり、日本酒を製造しているC社、ジュースを製造しているD社があったとします。ビール会社であるA社とB社が合併した場合に、「ビールの販売市場」が一定の取引分野となるのであれば、A社とB社は2社で競争していることになります。そのため、A社とB社が合併すると競争相手がいなくなるので、この2社の合併は競争を制限する効果が強いといえます。

　しかし、「アルコールの販売市場」が一定の取引分野となるのであれば、A社、B社、C社が競争関係にあり、A社とB社が合併してもC社との競争をすることになるので、合併による競争制限効果はそれほど大きくないといえます。また、「飲み物の販売市場」が一定の取引分野となるのであれば、A社、B社、C社、D社の4社が競争関係にあるので、A社とB社の合併による市場への影響はさらに小さくなります。このように一定の取引分野の画定の方法によって、企業結合が独占禁止法違反となるかどうかが変わってきます。そのため、一定の取引分野の画定は重要だといえます。

● 競争を実質的に制限することとなる場合とは

　競争が実質的に制限されるかどうかはさまざまな要素を考慮して判断します。

　ここでは、企業結合によって競争制限効果が生じるかにつき4つの判断要素を紹介します。なお、これ以外にも市場での競争に影響を与える事情があれば、それも含めて企業結合による競争制限効果を判断することになります。

①　企業結合を行う企業のシェア

　企業結合によって市場でのシェアが大きくなればなるほど、市場を支配する力が強くなり、競争が失われてしまいます。そのため、企業のシェアは企業結合によって競争が制限されるかどうかの重要な判断要素になります。

② 他に有力な競争者がいるかどうか

企業結合を行う企業に対抗し、多くの商品を市場に供給できる他の企業がいれば、企業結合が行われたとしても市場での競争が失われません。

③ 商品の輸入の可能性

国内で企業結合が行われたとしても、海外から同じ商品が輸入できるのであれば、海外の企業が競争者となるので、市場での競争は失われません。

④ 新規参入の容易性

新規参入が容易な業種で企業結合が行われた場合には、すぐに別の企業が新規参入して競争者となることができるので、企業結合が行われたとしても、その市場での影響は小さいといえます。

● 企業結合規制に関する注意点

企業結合規制に関しては、平成21年に独占禁止法が大きく改正されている（平成22年に施行）ことに注意する必要があります。注意すべき改正点は、①株式取得に係る届出を事後届出制から事前届出制に変更、②届出前相談の義務制の廃止、③届出基準の見直しです。

①の改正は、以前は株式取得に関しては事後届出制でしたが、これ

■ 競争の実質的な制限

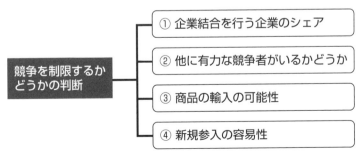

を合併、会社分割、事業譲受けといった企業結合と同じく事前届出制に変更したものです。さらに、共同株式移転の事前届出制が新設されました。

②の改正は、以前は届出前相談を経た上で正式な届出をするという手続きでしたが、これを廃止して、届出前相談を任意の制度としたものです。届出前相談の義務制を廃止したことで、企業結合審査が簡素化され、審査期間が短縮されました。

③の改正は、前述した事前届出制により企業結合計画の届出書を提出すべきとする届出基準につき、どの企業結合であっても、企業結合をする企業の「国内売上高合計額」を基準とすることで統一したものです。

■ 株式取得にかかる事前届出制への変更

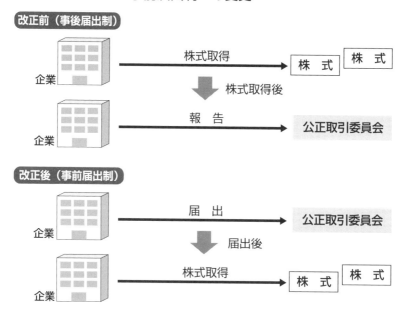

4 株式譲渡と独占禁止法の関係を知っておこう

株式の保有に事前の届出が必要になる

● どんな場合に規制されるのか

　他の企業の株式を保有することで、一定の取引分野における競争を実質的に制限することになる場合には、他の企業の株式を保有することが禁止されます。具体的に、どのような場合に他の企業の株式の保有が規制され、公正取引委員会による企業結合審査の対象となるのかについて、「企業結合審査に関する独占禁止法の運用指針」（いわゆる「企業結合ガイドライン」）は次のように規定します。

　まず、他の株式会社の株式を取得する際、他の株式会社の総株主の議決権に占める割合が50％を超えてしまう場合には、株式の取得が審査の対象とされます。保有株式数は、親子会社が保有している株式も含めて計算します。たとえば、A社がB社株式を取得する際、A社の保有するB社株式の議決権割合が50％を超える場合には、株式の取得が審査の対象とされますし、A社の子会社であるC社が保有するB社の株式を含めて50％を超える場合も、同様に審査の対象とされます。

　また、他の株式会社の株式を取得することで、他の株式会社が発行している株式の議決権割合の20％を超えて、かつ、当該割合の順位が単独で１位となる場合も株式の取得が審査の対象とされます。この場合も、保有している株式の数（保有株式数）は、親子会社が保有している株式も含めて計算します。

　他の株式会社の総株主の議決権の10％を超えて株式を取得し、かつ、その割合の順位が３位以内となっている場合には、当事者となっている会社の取引関係や、役員の兼任がなされているかといった事情を考慮して、株式の取得が審査の対象となるかが決まります。

第４章　企業結合についての規制

● 事前の届出義務がある場合

　事前の届出義務があるか否かは、国内売上高合計額によって決まります。国内売上高合計額が200億円を超える会社（A社とします）が、国内売上高合計額が50億円を超える会社（B社とします）の株式を取得する際には、A社がB社の株式を取得することでB社の総株主の議決権の20％を超えて取得することになる場合に、事前に公正取引委員会に対し届け出る必要があります（事前届出制、104ページ図）。議決権保有の割合を算定する際には、A社の親子会社が保有しているB社の株式も含めて算定します。

　この届出を行った会社は、公正取引委員会が届出を受理してから30日間は、その届出をした会社の株式を取得することはできません。この禁止期間内に企業結合審査の第1次審査が行われます（100ページ）。

　なお、事前の届出が必要になるかということと、企業結合審査が必要になるかについては、必ずしも一致するとは限りません。そのため、事前の届出が不要であっても企業結合審査が必要となる場合があるので注意が必要です。

■ 株式譲渡についての規制

他の株式会社の株式を取得する際、他の株式会社の総株主の議決権に占める割合が50％を超えてしまう場合	→ 株式の取得が審査の対象となる
他の株式会社の株式を取得することで、他の株式会社が発行している株式の議決権割合が20％を超えて、かつ、当該割合の順位が単独で1位となる場合	→ 株式の取得が審査の対象となる
他の会社の総株主の議決権の10％を超えて株式を取得し、かつ、その割合の順位が3位以内となっている場合	→ 会社の取引関係、役員の兼任といった事情を考慮して、株式の取得が審査の対象となる

5 合併等と独占禁止法の関係を知っておこう

規模の大きな合併は禁止される場合がある

● 合併ではどんな場合に規制されるのか

合併をすることで、一定の取引分野における競争が実質的に制限される場合には、その合併は独占禁止法によって禁止されます。

合併をしようとする会社のうち、いずれか1社の国内売上高合計額が200億円を超え、かつ、他のいずれか1社の国内売上高合計額が50億円を超える場合には、合併計画を公正取引委員会に事前に届け出ることが必要になります（事前届出制）。このような規模の大きい合併をすると、事後的に合併を解消することが困難であり、周囲に与える影響が大きいので、事前に届け出ることが義務付けられています。

一方、合併は原則として企業結合審査の対象となりますが、親子会社間の合併のような場合には企業結合審査の対象とはなりません。親子会社はもともと一つの企業であるのと同じように活動しているので、合併したとしても市場の競争に与える影響が小さいからです。

● 会社分割について

共同新設分割や吸収分割をすることによって、一定の取引分野における競争を実質的に制限することとなる場合にも、その共同新設分割や吸収分割は独占禁止法によって禁止されます。共同新設分割とは、複数の会社がそれぞれ会社の一部を分割し、その分割した部分を合わせて新しい会社を新設することをいいます。また、吸収分割とは、会社が事業の一部を他の会社に承継させることをいいます。

共同新設分割や吸収分割については、分割の対象が事業の全部または重要な一部である場合に、2つの会社で行われていた事業が1つの

会社で行われるようになる合併に類似します。このような場合に、共同新設分割や吸収分割が合併と同じように独占禁止法によって規制され、企業結合審査の対象となります。

また、共同新設分割や吸収分割を行う場合、その規模が大きなものになるときは、事前に分割計画を公正取引委員会に届け出ることが必要になります（事前届出制）。

● 共同株式移転について

共同株式移転によって一定の取引分野における競争が実質的に制限される場合も、その共同株式移転は独占禁止法によって禁止されます。共同株式移転とは、複数の株式会社が共同して新しい会社を設立し、その新しく設立した会社に株式をすべて取得させることをいいます。共同株式移転をしようとする会社のうち、いずれか1社の国内売上高合計額が200億円を超え、かつ、他のいずれか1社の国内売上高合計額が50億円を超えている場合には、事前に当該共同株式移転に関する計画を公正取引委員会に届け出る必要があります（事前届出制）。

■ 合併や分割などへの規制

合　併
いずれか1社の国内売上高合計額が200億円を超え、かつ、他のいずれか1社の国内売上高合計額が50億円を超える合併

会社分割
周囲への影響の大きい共同新設分割や吸収分割

共同株式移転
いずれかひとつの会社の国内売上高合計額が200億円を超え、かつ、他のいずれかひとつの会社の国内売上高合計額が50億円を超える共同株式移転

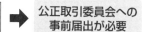

公正取引委員会への事前届出が必要

6 その他、企業結合について こんなことを知っておこう

企業結合規制を受けない場合もある

● 事業譲渡について

　会社は、①他の会社の事業の全部または重要部分の譲受、②他の会社の事業上の固定資産の全部または重要部分の譲受、③他の会社の事業の全部または重要部分の賃借、④他の会社の事業の全部または重要部分についての経営の受任、⑤他の会社と事業上の損益全部を共通にする契約の締結、のいずれかを行うことにより、一定の取引分野の競争を実質的に制限することになる場合には、それらの行為は独占禁止法によって禁止されます。

　①に該当する行為に関して、国内売上高合計額が200億円を超える会社（譲受会社）が、他の会社の事業の全部または重要部分を譲り受ける場合で、当該譲受けの対象部分の国内売上高（単体）が30億円を超えるときには、事前に事業譲受に関する計画届出書を公正取引委員会に届け出る必要があります。また、②に該当する行為に関して、国内売上高合計額が200億円を超える会社が、他の会社の事業上の固定資産の全部または重要部分を譲り受ける場合で、当該譲受けの対象部分の国内売上高（単体）が30億円を超えるときにも、事前の届出が必要になります（事前届出制）。

　これらに対し、③④⑤の各行為に関しては、公正取引委員会への事前の届出は不要です。

● 共同出資会社について

　複数の会社が共同して同じ会社に出資している共同出資会社により、市場での競争が制限されることもあります。本来は、出資をしている

第4章　企業結合についての規制

会社が単独で行っていた事業を出資を受けている共同出資会社が行う場合には、出資している会社同士の競争が失われる可能性を検討する必要があります。

共同出資会社に対する規制は、具体的には、株式保有や合併に関する独占禁止法の規定（独占禁止法10条、15条）を用いて行われます。

● 役員兼任について

ある会社の役員が、他の会社の役員を兼ねることによって、一定の取引分野における競争が実質的に制限されることとなる場合には、そのような役員の兼任は独占禁止法によって禁止されています。

「企業結合ガイドライン」では、①役員が兼任している会社のうちの1社の役員総数に占める他の当事会社の役員の割合が過半である場合（たとえば、A社の役員の過半数がN社の役員である場合）、②兼任する役員が双方の会社で代表権を有する場合などに、役員の兼任が企業結合審査の対象となると規定しています。

● 当事者が同一の企業結合集団に属する場合

事業譲渡や役員の兼任を行う場合でも、当事者となっている会社が同一の企業結合集団に属する場合には、原則として企業結合審査の対象とはなりません。企業結合集団とは、会社、その会社の子会社、その会社の最終親会社（他の会社の子会社ではない親会社）、その最終親会社の子会社（会社、その会社の子会社を除きます）から構成される企業集団のことをいいます。「最終親会社は企業集団の頂点に君臨する会社である」とイメージするとよいでしょう。たとえば、A社、A社の子会社としてB社、A社の最終親会社としてC社、A社やB社を除くC社の子会社としてD社がいる場合、A社〜D社は同じ企業結合集団ということになります。

同一の企業結合集団に属するのであれば、もともと一つの企業であ

ると見ることができるので、事業譲渡や役員の兼任を行ったとしても市場での競争に与える影響が少ないため、企業結合審査の対象となりません。

● 持ち株会社の規制

持ち株会社とは、子会社株式の取得価額が会社の総資産の50％を超えている会社のことをいいます。つまり、子会社の株式を保有することを主な目的としている会社が持ち株会社になります。

企業が複数の事業活動を行う場合には、通常は会社をいくつかの部署に分けて、異なる事業を別々の部署に担当させます。しかし、1つの会社を複数の部署に分けてしまうと、会社全体の事業活動が非効率になってしまうことがあります。その場合に、持ち株会社の制度が用いられます。持ち株会社の子会社がそれぞれの事業を独立して担当することで、効率的な事業活動を行うことができるようになります。

持ち株会社は、子会社の株式を保有することで子会社を支配しています。そのため、持ち株会社が子会社の数を増やしていくと、持ち株会社の経済力が大きくなりすぎてしまいます。そのため、他の会社の株式を保有することで事業支配力が過度に集中してしまうことになる持ち株会社は、独占禁止法によって設立が禁止されています。

具体的に、どのような場合に事業支配力が過度に集中しているといえるかについて、公正取引委員会は「事業支配力が過度に集中することとなる会社の考え方」というガイドラインの中で一定の基準を示しています。このガイドラインの中では、事業力が過度に集中しているとされる3つのパターンが挙げられています。

・パターン1

①会社グループの規模が大きく、会社グループ全体の総資産が15兆円を超え、②売上高が6000億円を超えている業種が5つ以上あり、それぞれにおいて別々の総資産3000億円を超える会社を保有していると

いうパターンです。

・パターン２

①総資産が15兆円を超える金融会社が、②金融業以外を営んでいる総資産3000億円を超える会社を保有しているというパターンです。

・パターン３

①相互に関連する５以上の売上高6000億以上の業種で、②それぞれにおいて別々の売上高のシェアが10％以上の会社を保有しているというパターンです。

この３つのパターンのいずれかに該当する持ち株会社を設立することは、独占禁止法によって禁止されています。

■ 持ち株会社とその規制

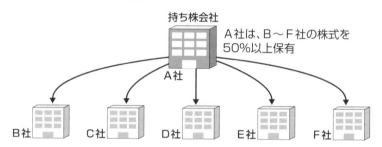

第5章

独占禁止法違反と対策

1 取引と独占禁止法の関係について知っておこう

共同研究開発が独禁法違反になることもある

● 流通や取引慣行について

　日本の流通システムや取引慣行については、閉鎖的で新規参入が困難であるという問題点が指摘されていました。この問題点に対応すべく、公正取引委員会は、「流通・取引慣行に関する独占禁止法上の指針」（流通・取引慣行ガイドライン）の中で、商品がメーカーから流通業者（卸売業者・小売業者）を経て消費者に渡ることを念頭において、メーカーの流通業者に対する行為に関する独占禁止法上の考え方を示しています。

　流通・取引慣行ガイドラインでは、商品のメーカーが流通業者に対して行う、①再販売価格維持行為（メーカーが流通業者の商品販売価格を決定する）、②非価格制限行為（流通業者の販売地域、取引先、販売方法をメーカーが制限する）、③リベートの供与（メーカーが流通業者に金銭などの利益を与える）、④メーカーによる流通業者の経営への関与についての独占禁止法上の考え方を示しています。

　さらに、メーカーの行為だけでなく、⑤小売業者による優越的地位の濫用行為（商品の納入業者に対して従業員の派遣を要請したり、協賛金の負担を要請する）についても言及しています。

　この中で、前述した①については原則として独占禁止法違反となりますが、②～⑤は独占禁止法違反となるかどうかについて事案に応じた判断が必要になります。

　また、①は再販売価格の拘束（73ページ）に該当し、②は拘束条件付取引（87ページ）に該当することが多いとされています。ここでは③リベートの供与について詳しく見ていきましょう。

● リベートの供与は独禁法違反にあたるのか

　リベートの供与とは、取引の相手方に対して金銭などの利益を与えることをいいます。メーカーから流通業者に対するリベート（要求を受け入れたことの見返りとして与える金銭）は、さまざまな目的で受け渡されており、かつ、価格の１つの要素として市場の実態に即した価格形成を促進するという側面も持っています。つまり、リベートの供与が市場での競争を促進することもあるので、リベートの供与がなされたからといって、直ちに独占禁止法違反となるわけではありません。しかし、リベートの供与の方法によっては、流通業者の事業活動を制限し、独占禁止法上問題となる場合があります。「流通・取引慣行に関する独占禁止法上の指針」は、リベートの供与が独占禁止法に反することになる可能性がある４つのパターンを示しています。

パターン1　流通業者の事業活動に対する制限の手段としてのリベートを渡すという場合

　メーカーが流通業者に対し、メーカーの示した価格で販売する対価としてリベートを供与する場合や、メーカーの指定した地域以外で商

■ リベートの供与が独占禁止法に反する可能性がある場合　……

① 流通業者の事業活動に対する制限の手段として渡すリベート
② 自社商品の取引額の割合や、販売商品全体に占める自社商品の割合に応じて渡すリベート
③ 流通業者の扱うメーカーの商品の数量が増えると、著しく累進的にメーカーから流通業者へ渡されるリベートが増えるという場合
④ メーカーが小売店へのリベートを供与する際に、特定の流通業者の仕入高のみを計算の基礎とする場合

独禁法違反が問題となる！

品を販売したためにリベートを削減する場合など、リベートを手段として、流通業者の販売価格、競争品の取扱い、販売地域、取引先等についての制限が行われることがあります。そのような場合は、再販売価格の拘束、排他条件付取引（85ページ）、拘束条件付取引に該当するものとして、独占禁止法違反となる可能性があります。

パターン2 メーカーが、流通業者の取引額全体に占める自社商品の取引額の割合や、流通業者の店舗に販売されている商品全体に占める自社商品の割合（占有率）に応じてリベートを供与する場合

パターン2のようなリベートを「占有率リベート」と呼んでいます。占有率リベートは、競争品（メーカーの競争相手となっている会社の商品）を流通業者が取り扱うことを制限する機能を持つことがあります。そのような場合は、占有率リベートが差別的取扱い（80ページ）、排他条件付取引、拘束条件付取引に該当するものとして、独占禁止法違反となる可能性があります。

パターン3 流通業者の扱うメーカーの商品の数量が増えれば、累進的にメーカーから流通業者へ渡されるリベートが増える場合に、その累進度が著しく高い場合

パターン3のようなリベートを「著しく累進的なリベート」と呼んでいます。累進的リベートは、市場の実態に即した価格形成を促進するという側面を有しますが、著しく累進度が高いリベートとなる場合には、流通業者がそのようなリベートを渡してくれるメーカーの商品だけを取り扱うようになる機能を持つことがあります。そのような場合は、占有率リベートと同様に、著しく累進的なリベートの供与が差別的取扱い、排他条件付取引、拘束条件付取引に該当するものとして、独占禁止法違反となる可能性があります。

パターン4 メーカーが小売店へのリベートを供与する際に、特定の流通業者の仕入高のみを計算の基礎とする場合

パターン4は「帳合取引（小売業者の仕入先となる業者が決定して

いる取引）の義務付けとなるようなリベートを供与する場合」と呼ばれています。つまり、小売業者が取り扱うメーカーの商品のうち、特定の流通業者から仕入れた商品のみの数（仕入高）に応じてリベートを供与するものです。このリベートの供与は、メーカーの商品を小売業者が仕入れる際に、特定の流通業者とのみ取引するという機能を持つことがあります。その場合は、差別的取扱い、拘束条件付取引に該当するものとして、独占禁止法違反となる可能性があります。

● 総代理店契約について

　総代理店契約とは、商品を供給している事業者から、商品を販売する権限をすべて引き受ける契約のことをいいます。総代理店契約の典型例は輸入総代理店契約です。海外の商品メーカーＡが、Ａが製作する商品の日本での販売権をすべて日本の事業者Ｂに与える契約が、輸入総代理店契約になります。総代理店契約は、競争を阻害する原因になるので、独占禁止法に違反する可能性があります。「流通・取引慣行に関する独占禁止法上の指針」の中では、総代理店契約が独占禁止法に違反する場合のパターンが示されています。

■ 総代理店契約と独占禁止法違反のパターン

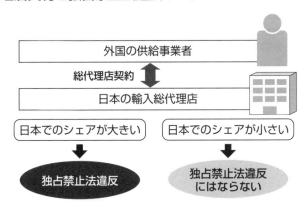

・パターン１

　競争関係にある事業者同士で総代理店契約を締結する場合、総代理店となる事業者の市場でのシェアや市場での順位によって、独占禁止法違反となるかどうかが変わってきます。同種の商品を販売しているＡとＢの間で、商品を供給する事業者をＡ、総代理店となる事業者をＢとする総代理店契約が締結された場合、Ｂの市場でのシェアが25％以上で、その順位が１位であれば、通常は総代理店契約によって競争を阻害する効果が生じると考えられることから、例外的に競争阻害効果が生じていないと認められる場合等を除き、独占禁止法違反となります。逆に、Ｂの市場でのシェアが10％未満、その順位が４位以下であれば、総代理店契約を締結しても、原則として独占禁止法違反とはなりません。

・パターン２

　契約条項の内容によって、総代理店契約が独占禁止法違反となるケースが示されています。①再販売価格の制限（供給業者Ａが総代理店Ｂの販売価格を拘束する）、②競争品の取扱いの制限（Ａ以外の商品をＢは取り扱ってはならない）、③販売地域の制限（ＢはＡが指定する場所でのみ商品を販売する）、④取引先の制限（Ｂの販売相手をＡが制限する）、⑤販売方法の制限（Ｂによる商品の販売方法をＡが指定する）といったことが総代理店契約の内容に含まれていると、独占禁止法違反となる可能性があります。

・パターン３

　供給業者Ａと輸入総代理店Ｂとの取引とは別ルートで、同じ商品を輸入するＣが出現することがあります（いわゆる「並行輸入」）。この場合、Ｃが商品（偽物ではない真正商品に限る）を入手することを不当に妨害することは、独占禁止法違反となる可能性があります。Ｃが商品を入手できなければ、国内での商品の競争が失われてしまうので、Ｃの商品入手を妨害する行為は独占禁止法によって規制されます。

● ライセンス契約について

ライセンス契約とは、特許等の知的財産権をもっている者が他の者に対して、特許等の技術の使用を許諾する契約のことをいいます。また、特許等の知的財産権を保有し、技術の使用を許諾する者のことをライセンサー、技術の使用の許諾を受ける者のことをライセンシーといいます。ライセンサーがライセンシーに対して知的財産権の利用を許諾する行為や、反対に利用を制限する行為（拒絶する行為も含む）は、原則として独占禁止法に違反することはありません。知的財産権による権利の行使と認められる行為には、独占禁止法が適用されないからです（独占禁止法21条）。しかし、知的財産制度の趣旨目的に反するような形での知的財産権の利用許諾や利用制限などは、そもそも知的財産権による権利の行使とは認められず、独占禁止法に反するものとされています。

具体的に、どのような場合に知的財産権の利用許諾や利用制限などが独占禁止法に違反するかは、特に問題となることが多い技術の利用に関する制限行為について、「知的財産の利用に関する独占禁止法上の指針」の中で示されています。以下、指針の中身を見ていきます。

● 技術の利用に関する制限行為について

独占禁止法が適用される技術の利用に関する制限行為には、いくつかのパターンがあります。

■ 技術の利用についての制限行為

① 私的独占に該当する可能性のある行為
② 不当な取引制限に該当する可能性のある行為
③ 不公正な取引方法に該当する可能性がある行為

　→ 独占禁止法が適用される

① 私的独占に該当する可能性のある行為

　ある技術の権利を有する者が、他の事業者にその技術の利用についてライセンスを行わなかったり、ライセンスを受けずにその技術を利用する事業者に対して差止請求訴訟を提起したとしても、それは保有している技術に関する知的財産権の正当な権利行使であり、通常はそれ自体では問題となりません。しかし、技術を保有している事業者の間でのみ技術を用い、新規参入しようとする事業者に合理的理由なくライセンスを拒絶することで新規参入を抑制する場合などについては、知的財産権の権利行使に対しても独占禁止法が適用されます。

② 不当な取引制限に該当する可能性のある行為

　知的財産権の利用に関して、他の事業者の事業活動を相互に制限することになる場合には、独占禁止法上の不当な取引制限の規定が適用されます。たとえば、競争関係にある事業者同士が、互いに保有している技術のライセンスを行い、商品の価格や生産数量や供給先等を共同して取り決めることは不当な取引制限に該当する可能性があります。

③ 不公正な取引方法に該当する可能性のある行為

　知的財産権の権利行使であっても、不公正な取引方法で規定されている行為を行い、その行為に公正な競争を阻害する効果があれば、不公正な取引方法として独占禁止法の適用を受けます。たとえば、特定の事業者にのみライセンスを行わないことが知的財産制度の趣旨を逸脱する場合や、ライセンシーにとって一方的に不利な契約条項を付する行為は、不公正な取引方法に該当する可能性があります。

● 共同研究開発について

　企業間での共同研究開発は、一企業だけでは成し得ない研究開発を成功させ、研究開発を活発にするという点で競争を促進する効果があります。他方、共同研究開発は、複数の事業者が共同して取り決めを行うという点で、競争を抑制する効果もあります。そのため、共同研

究開発は、独占禁止法に違反しないかが問題になります。この点について、公正取引委員会は、「共同研究開発に関する独占禁止法上の指針」の中で、共同研究開発と独占禁止法の関係に対する見解を示しています。この指針の中では、まず共同研究開発が独占禁止法上問題となるのは、主に競争関係にある事業者間で研究開発を共同化する場合であり、競争関係にない事業者間で研究開発を共同化する場合には、通常は独占禁止法上問題となることは少ないと考えています。

その上で、共同研究開発によって競争が制限されるかどうかについては、①共同研究に参加する事業者の数やシェア（数が多くシェアが大きいほど競争が制限される効果は大きくなる）、②研究の性格（開発研究など製品市場における競争に及ぼす影響が直接的であると競争が制限される効果が大きくなる）、③共同して研究を行う必要性、④研究範囲や期間（範囲が大きく期間が長いほど競争制限効果は大きくなる）といった事柄を考慮して判断するとしています。

また、共同研究開発に伴って、研究開発とは関係の薄い事柄まで取り決めてしまうと、その取り決めは不公正な取引方法に該当する可能性があります。具体的には、共同研究開発によって開発した商品の販売価格を制限することなどが、不公正な取引方法に該当する可能性の高い行為です。

■ **共同研究開発**

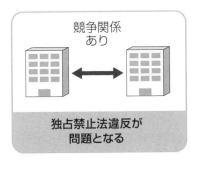
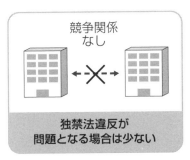

Q 私の会社は国の行政機関から行政指導を受けました。行政指導に従って行動すると、独占禁止法に違反するのではないかと思うのですが、国の行政指導に従って行動した場合には、独占禁止法に違反することはないと考えてよいのでしょうか。

A 行政指導とは、行政機関（国の行政機関または地方自治体の機関）が、一定の行政目的を実現するため、特定の者に対して、その者が任意に協力してくれることに期待して、一定の作為（何らかの行為をすること）または不作為（何もしないこと）を求める指導・勧告・助言などのことをいいます。行政指導には法的拘束力はありません。そのため、行政指導に従わなかったとしても、直ちに行政機関によって何らかの法的措置がとられることはありません。

　行政指導に従っていれば独占禁止法違反にならないかどうかですが、結論から言えば、行政指導に従っていたからといって、独占禁止法に違反しないということにはなりません。過去にも、行政指導に従っていた事業者の行為が独占禁止法違反であると公正取引委員会に認定された事例があります。

　行政指導に従うと独占禁止法に違反する疑いがある場合には、それが本当に独占禁止法に違反しているのかどうかを確認する必要があります。まず、公正取引委員会が示している「行政指導に関する独占禁止法上の考え方」を確認してみましょう。それから、専門の弁護士や、公正取引委員会に問い合わせることで、行政指導が適切なものかを見極めるようにします。行政指導に対しても慎重な対応が必要です。

Q 電気・ガス・水道といった公共事業分野への新規参入を促進する際に独占禁止法についての注意点を教えてください。

A 電気・ガス・水道といった公共事業分野での規制緩和が少しずつ進んでいます。たとえば電気や都市ガスは、工場など（大口需要家）を相手とする小売業は以前から自由化されていましたが、家庭を相手とする小売業は特定の事業者の独占状態でした。しかし、平成28年4月に電気の小売業への参入が全面的に自由化されました。続けて、平成29年4月に都市ガスの小売業への参入も全面的に自由化されました（プロパンガスは以前から自由化されています）。

この結果、家庭を相手とする電気や都市ガスの料金にも競争が発生することになります。しかし、自由化の前は特定の事業者が電気や都市ガスの市場を独占していたため、そのような事業者に新規の事業者が対抗することは容易ではありません。

このような公共事業分野での現状を考慮すると、公共事業分野での競争を促進するためには、独占禁止法だけではなく、それぞれの事業分野ごとの事業法（電気事業法やガス事業法など）を用いることが必要になります。

また、公正取引委員会は、公共事業分野での競争を促進するために、それぞれの事業分野ごとの指針を作成しています。具体的には、電気事業に関しては「適正な電力取引についての指針」を、ガス事業に関しては、「適正なガス取引についての指針」を公表し、公共事業分野での競争の促進を図っています。公共事業分野に新規参入する場合にも、これらの指針を参考にすることができます。

なお、水道に関しては、原則として市町村が水道事業を運営することになっているため（水道法6条）、電気やガスの小売業のように、自由に参入することはできません。

2 独占禁止法違反について知っておこう

刑罰が科されることもある

● 制裁措置について

　独占禁止法に違反する行為を行った場合には、さまざまな制裁を受けることになります。

　独占禁止法に違反する行為が行われた場合に、公正取引委員会は排除措置命令を出すことができます。排除措置命令とは、独占禁止法違反となる行為を止めることを内容とする命令のことをいいます。たとえば、入札談合を行っていれば、公正取引委員会は事業者同士での会合を止めるよう排除措置命令を出すことになります。なお、排除措置命令は、厳密には「制裁」ではなく、競争を回復して再発防止を図るために命じられる行政上の措置になります。一定の独占禁止法違反の行為に対しては課徴金納付命令によって、課徴金を国庫に納めることが命じられます。課徴金の額は、独占禁止法違反の行為を行っていた期間内における違反事業者の売上額を基準として算出されます。ただし、共同して不当な取引制限となる行為を行っていた事業者に先立って、不当な取引制限となる事実を公正取引委員会に報告すれば、課徴金が免除または減額される場合があります。

　また、独占禁止法違反となる行為に対して刑罰が科されることもあります。違反行為を行った会社の役員や従業員だけではなく、これらの者が所属する会社に対しても罰金刑が科されます（両罰規定）。さらに、事業者の独占禁止法違反となる行為によって損害を受けた者は、その事業者に独占禁止法違反となる行為を止めるよう求める民事上の差止請求や、損害賠償請求が可能になる場合もあります。

　このように、独占禁止法に抵触する行為を行った場合にはさまざま

な制裁を受けます。以下、排除措置命令、課徴金制度、刑罰、民事上の差止や損害賠償請求について見ていきます。

● 排除措置命令とは

排除措置命令とは、独占禁止法に違反する行為がなされた場合に、市場での競争を回復し、再発防止を図るために公正取引委員会が出す命令のことをいいます。排除措置命令の内容は、違反行為の取り止めや従業員の教育など、個別の違反行為に応じて決められます。

公正取引委員会が排除措置命令を出す場合には、排除措置命令を受ける者に対して、あらかじめ排除措置命令の内容を通知し、意見申述と証拠提出の機会を与えることが必要です。公正取引委員会はここでの意見申述や証拠提出をふまえて、排除措置命令を出すかどうかを判断します。排除措置命令に不服がある場合には、命令が出されてから6か月以内に、東京地方裁判所に対し、排除措置命令の取消しを求める訴訟を提起することができます（131ページ）。また、排除措置命令に従わなかった場合には、2年以下の懲役または300万円以下の罰金が科されます（両罰規定として法人にも罰金刑が科されます）。

なお、独占禁止法違反となる行為が既に終了している場合でも、再発防止等の目的で必要がある場合には、排除措置命令を出すことができます。

■ 排除措置命令のイメージ

排除措置命令 → 違反行為の取りやめ／従業員の教育

第5章　独占禁止法違反と対策　125

● 課徴金制度について

　課徴金制度とは、独占禁止法違反となる行為によって事業者が得た利益を国が奪う制度のことをいい、課徴金の納付を命じることを課徴金納付命令といいます。課徴金命令を受けた事業者は、指定された金銭を国に納めなければなりません。独占禁止法違反となる行為をした事業者すべてに課徴金が課せられるわけではなく、不当な取引制限、私的独占、一部の不公正な取引方法に該当する行為をした事業者に対してのみ課徴金を課すことができます。

　課徴金の額は、独占禁止法違反となる行為を行っていた期間の売上高に一定の算定率をかけることで算定します。課徴金の算定率は、独占禁止法に違反した事業者が小売業か、卸売業か、製造業など他の業種かによって異なってきます。また、独占禁止法違反となる行為を繰り返した事業者に対する課徴金の算定率は、通常よりも上昇します。

　ただし、不当な取引制限を行った事業者が、違反行為を公正取引委員会に報告した場合には、課徴金の額が減免されることがあります。具体的には、公正取引委員会の調査開始日前に事業者が公正取引委員会に報告した場合には、最初に報告した事業者の課徴金は全額が免除され、2番目に報告をした事業者は課徴金の50％が、3番目から5番目に報告した事業者は課徴金の30％が免除されます。公正取引委員会が事業者に課徴金の納付を命じる際には、排除措置命令を出すときと同様に、事業者に対して事前通知を行い、意見陳述や証拠提出の機会を与えることが必要です。課徴金の納付命令に不服がある者は、納付命令が出されてから6か月以内に、東京地方裁判所に対し、課徴金納付命令の取消しを求める訴訟を提起することができます（131ページ）。

● どんな刑罰があるのか

　独占禁止法違反行為のうちの多くは刑事罰の対象とされています。ただし、不公正な取引方法に抵触した場合には刑事罰は科されません。

私的独占や不当な取引制限に該当する行為を行った者に対しては5年以下の懲役または500万円以下の罰金が科せられます。

　この場合、私的独占や不当な取引制限に関わった者が所属する企業に対しても5億円以下の罰金が科せられます（両罰規定）。さらに、法人の代表者が、従業員が独占禁止法違反行為を行っているのに気づいていたにもかかわらず、この独占禁止法違反行為を放置していた場合には、法人の代表者に対しても500万円以下の罰金が科されます。

　不当な取引制限の中に含まれる入札談合を行った場合には、刑法の談合罪も成立します。談合罪に該当する行為を行った者に対しては、3年以下の懲役または250万円以下の罰金が科せられます。

　この他にも、公正取引委員会に虚偽の報告をしたり、排除措置命令に反した行為を行った者に対しても刑罰が科されます。

● 刑事罰と課徴金との調整

　刑事罰に加えて課徴金を課すことは、憲法が定める二重処罰禁止の原則に反するのではないかという問題があります。

　二重処罰禁止とは、一つの犯罪に対しては複数の刑罰を科してはいけないという原則のことをいいます。

　独占禁止法には、事業者に対する制裁として刑事罰（罰金刑）に関する規定と課徴金に関する規定の2種類があります。そのため、刑罰として罰金刑を科すのとは別に課徴金の支払いを命じることは、独占禁止法に違反した事業者を2回処罰するのと同じことであり、憲法が定める二重処罰禁止規定に反するのではないかと指摘されることがあります。この点については、課徴金制度は事業者が得た不当な利得を奪う制度であり、制裁として科す刑事罰とは趣旨や目的が異なるので、課徴金の納付と罰金刑を科すことを同時に命じたとしても二重処罰禁止の原則には反しないとされています。

　ただし、このような二重処罰の問題があることに配慮して、課徴金

と罰金の両方が科される場合には、課徴金は減額されます。具体的には、罰金額の2分の1の額が課徴金から控除されます。

◉ 民事上の差止や賠償請求など

　事業者が独占禁止法に違反する行為を行ったことで他の事業者が損害を被った場合には、損害を被った事業者は独占禁止法違反を行った事業者に対して損害賠償請求が可能です。たとえば、大企業であるA社が、市場で強い地位にあることを利用してB社に対して不当に金銭などの利益の供与を要求していた場合には、A社の行為は優越的地位の濫用に該当します。このとき、B社は、A社の不当な要求により支払った金額について、独占禁止法を根拠にしてA社に対して損害賠償請求が可能です。

　独占禁止法に違反した行為に対しては刑事罰が科されますし、課徴金も課されます。しかし、刑事罰や課徴金の制度を用いたとしても、独占禁止法違反行為によって損害を受けた者の損害が回復するわけではありません。独占禁止法によって損害を受けた者は、自らの手で独占禁止法に反する行為を行った者に対して損害賠償請求をする必要が

■ 独占禁止法に違反する行為に対する主な罰則

違法行為	罰　則
私的独占や不当な取引制限に該当する行為を行った者	5年以下の懲役または500万円以下の罰金（独占禁止法89条）
私的独占や不当な取引制限に該当する行為を行った企業	5億円以下の罰金（独占禁止法95条）
不当な取引制限に該当する談合を行った場合	刑法の談合罪（3年以下の懲役または250万円以下の罰金）（刑法96条の6第2項）
公正取引委員会に対する所定の届出の不提出、または虚偽記載	200万円以下の罰金（独占禁止法91条の2）

あります。

　独占禁止法の規定を用いて損害賠償請求がなされた場合には、独占禁止法違反となる行為を行った者は、自らに故意や過失がなくても、損害を受けた者に対して損害賠償責任を負います。つまり、独占禁止法違反となることの認識がなかったとしても、独占禁止法違反となる行為を行った者は、被害者に対して損害賠償責任を負うことになります。

　ただし、公正取引委員会による排除措置命令が確定した後でなければ、独占禁止法の規定に基づく損害賠償請求はできません。また、排除措置命令が出されてから3年が経過した場合も、独占禁止法の規定に基づく損害賠償請求はできません。

　不公正な取引方法にあたる行為をする（事業者団体が事業者に不公正な取引方法にあたる行為をさせるようにすることを含む）ことで、自らの利益を侵害され、又は侵害されるおそれがある者は、これにより著しい損害を生じ、又は生ずるおそれがあるときは、その行為の停止又は予防を求める差止請求が可能です。たとえば、前述の例でAが不当に金銭を要求しているため（不公正な取引方法のうち優越的地位の濫用にあたります）、Bが著しい損害を被るおそれがある場合、BはAに対して金銭要求の停止を請求できます。

■ 独占禁止法違反行為

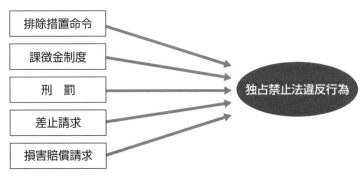

3 不服を申し立てる手続きについて知っておこう

裁判所に取消訴訟を提起して不服を申し立てる

● 審判請求の廃止と取消訴訟の提起

　排除措置命令や課徴金納付命令は、公正取引委員会による慎重な審理の結果として行われます。しかし、そのすべてが正しいわけではなく、本来は命令をすべきケースではないのに、事実認定を誤って命令を行ってしまうこともあります。そのような場合に備えて、独占禁止法などの法律で、命令を受けた者が、その命令を取り消してもらうために不服を申し立てる手続きが整備されています。

　以前は、排除措置命令や課徴金納付命令に不服がある者は、まず公正取引委員会に審判請求を行うことになっていました。そして、公正取引委員会が審判請求を認めなかった（棄却審決をした）場合に、東京高等裁判所に公正取引委員会を被告として審決の取消しを求める訴訟（審決取消訴訟）を提起して、東京高等裁判所の判決に不服があれば最高裁判所に上告する、という流れでした。つまり、不服申立ての手続きが「公正取引委員会→東京高等裁判所→最高裁判所」という順番でした。

　しかし、排除措置命令や課徴金納付命令をした公正取引委員会が自ら不服申立ての手続きを担当するという点について、公正な判断への不信感が払拭できないとの指摘がなされていました。そこで、平成25年の独占禁止法改正で、平成27年4月1日以降に事前通知（排除措置命令や課徴金納付命令の前に行われる通知）がなされた事件より、公正取引委員会の審判請求が廃止されました。この結果、排除措置命令や課徴金納付命令に不服がある者は、東京地方裁判所に命令の取消しを求める訴訟（取消訴訟）を提起することになりました。その後の手

続きは、東京地方裁判所の判決に不服があれば東京高等裁判所に控訴し、東京高等裁判所の判決に不服があれば最高裁判所に上告する、という流れです。つまり、不服申立ての手続きが「東京地方裁判所→東京高等裁判所→最高裁判所」という順番に変わりました。

● 取消訴訟の出訴期間などについて

　排除措置命令や課徴金納付命令に不服がある者は、これらの命令があったことを知った日から6か月以内に（または命令があった日から1年以内に）、公正取引委員会を被告として、東京地方裁判所に対し、命令の取消しを求める訴訟を提起することができます。ここで提起される訴訟は、行政事件訴訟法という法律が定める抗告訴訟と位置付けられています。

　前述の訴訟は裁判官に高い専門性が要求されるため、専属管轄を採用しており「東京地方裁判所」のみに提起することができます。そのため、他の地方裁判所に提起することはできません。さらに、東京地方裁判所の判決に不服がある場合に控訴する裁判所も「東京高等裁判所」と決まっています。そして、東京高等裁判所の判決に不服がある場合に上告する裁判所は、わが国の終審裁判所（最終的な判断をする裁判所）として位置付けられている「最高裁判所」のみです。つまり、すべて東京都内の裁判所で審理されます。

　なお、以前は「審決取消訴訟で裁判所は独自の立場で新たな事実を認定するのではなく、公正取引委員会の審判で提出された証拠から審判での事実を認定することが合理的かどうかのみを審査する」という実質的証拠法則が採用されていました。しかし、平成25年改正で審判手続きが廃止されたことに伴い、実質的証拠法則も廃止されました。そこで、前述の訴訟において、裁判所は独自の立場で新たな事実を認定することになります。

4 課徴金制度の運用について知っておこう

公正取引委員会に報告すれば課徴金は減免される

● 課徴金制度の概要

　課徴金制度とは、私的独占・不当な取引制限・不公正な取引方法といった独占禁止法違反となる行為を行った事業者に対して、一定の金銭を国に納付させる制度で、課徴金の納付を命じることを課徴金納付命令といいます（126ページ）。課徴金は、刑事罰である罰金とは別に納付が命じられます。

　独占禁止法が定める課徴金制度については、平成21年に大きく改正された（平成22年施行）ことに注意する必要があります。

　まず課徴金制度の適用範囲が拡大されました。以前は適用範囲が不当な取引制限と支配型私的独占のみでしたが、現在ではこれらに加えて、排除型私的独占や不公正な取引方法の一部も適用範囲に含まれることになり、これらを行った者に対しても課徴金の納付を命じることができるようになりました。

　また、課徴金の算定率が上昇する場合についても規定されました。独占禁止法違反となる行為を主導的に行っていた者については、通常の場合よりも課徴金の額が増額されます。

　課徴金減免制度も拡大されました。具体的には、課徴金の減免を受けられる事業者の数が、最大3社から最大5社に拡大されました。また、課徴金減免申請は、原則として企業ごとに行う必要がありますが、企業グループとして独占禁止法違反となる行為を行っていた場合には、企業グループに属している会社同士が共同して課徴金減免申請をすることも認められるようになりました。

　また、独占禁止法違反となる行為を行っていた事業を承継した会社

に対しても課徴金の納付を命じることが可能になりました。

さらに、以前は独占禁止法違反となる行為が終了してから3年が経過すると、課徴金の納付を命じることができなくなっていたのですが、現在ではこの期間が5年に延長されました。つまり、独占禁止法違反となる行為が終了してから5年が経過するまでは、課徴金の納付を命じることができます。

● 不公正な取引方法と課徴金制度

平成21年の独占禁止法改正によって、不公正な取引方法のうち、①共同の取引拒絶、②差別対価、③不当廉売、④再販売価格の拘束、⑤優越的地位の濫用の5つが課徴金制度の適用対象となりました。

このうち優越的地位の濫用については、濫用行為が継続して行われている場合に課徴金の対象となります。また、共同の取引拒絶、差別対価、不当廉売、再販売価格の拘束については、独占禁止法違反となる行為を繰り返した場合に、課徴金の対象となります。

● 運用について

対象となる事業者の規模や業種により異なりますが、たとえば製造業等の事業者の場合、公正取引委員会は、不当な取引制限や支配型私的独占を行った事業者に対しては、原則として独占禁止法違反となる

■ 課徴金制度に関する注意点

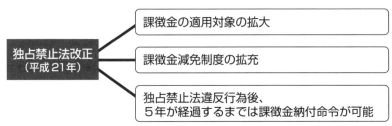

行為を行っていた期間の商品等の売上額の10％を課徴金として納付するよう命じます。また、排除型私的独占を行った事業者に対しては、原則として独占禁止法違反となる行為を行っていた期間の商品等の売上額の６％を課徴金として納付するよう命じます。

さらに、不公正な取引方法のうち、共同の取引拒絶（64ページ）、差別対価（67ページ）、不当廉売（69ページ）、再販売価格の拘束（73ページ）に該当する行為を行っていた事業者に対しては、原則として独占禁止法違反となる行為を行っていた期間の商品等の売上額の３％を、優越的地位の濫用（76ページ）を行っていた事業者に対しては、違反行為期間内の濫用行為を受けた事業者との取引額（売上額や購入額）の１％を、それぞれ課徴金として納付を命じます。

ただし、独占禁止法違反を行っていた期間が３年を超える場合には独占禁止法違反となる行為がなくなった時点からさかのぼって３年に限定して、その期間の独占禁止法違反行為を対象として課徴金の納付を命じます。

課徴金は、独占禁止法違反となる行為が行われていた期間に応じて課されますので、独占禁止法違反となる行為がいつの時点から行われていたかを認定することが重要だといえます。独占禁止法違反となる行為が始まる時点は、事業者が具体的に独占禁止法違反となる行為を行った時点になります。

たとえば、価格カルテルの合意に基づいて商品の価格を上げたり、入札談合における最初の受注日が、独占禁止法違反となる行為が始まった時点になります。逆に、独占禁止法違反となる行為が終了する時点とは、その行為が客観的に消滅したとされる時点になります。

たとえば、価格カルテルや入札談合の合意が破棄された日が、独占禁止法違反行為が終了した時点になります。公正取引委員会による調査が開始されることで、事業者が独占禁止法違反となる行為を中止し、その時点が独占禁止法違反行為の終了時点とされるケースもあります。

売上額に対してかけられる課徴金の算定率は、不当な取引制限や支配型私的独占に関する事業活動が行われた場合には、製造業等（小売業や卸売業以外）については10％、小売業については3％、卸売業については2％になります。また、排除型私的独占の場合の課徴金の算定率は、排除型私的独占を行った事業者が製造業等の場合には6％、小売業の場合には2％、卸売業の場合には1％になります。

不公正な取引方法のうち、共同の取引拒絶、差別対価、不当廉売、再販売価格の拘束を行った事業者が製造業等の場合には3％、小売業の場合には2％、卸売業の場合には1％が課徴金の算定率になります。また、優越的地位の濫用に対する課徴金は、優越的地位の濫用を受けた相手方との取引額の1％になります。

ただし、不当な取引制限の場合は、資本金の額や従業員の数が少ない中小企業であれば、課徴金の算定率は軽減されます。また、課徴金の額が100万円未満となる場合には、課徴金納付命令は出されません。

● 課徴金減免制度とは

課徴金減免制度とは、独占禁止法違反となる不当な取引制限やこれを内容とする国際的協定を公正取引委員会に進んで報告した事業者に対して、課徴金の額を免除・減額する制度のことをいいます。

■ 課徴金制度の運用

公正取引委員会
- 売上の10％の額を課徴金として支払いを命じる → カルテルを行った企業
- 売上の3％の額を課徴金として支払いを命じる → 不公正な取引方法（優越的地位の濫用以外）を行った企業
- 優越的地位の濫用を受けた企業との間の取引額の1％を課徴金として支払いを命じる → 優越的地位の濫用を行った企業

たとえば、カルテルが行われている場合、カルテルを行っている事業者はその事実を隠そうとするため、外部からカルテルを発見することは困難です。カルテルの摘発のためには、カルテルに参加している事業者が自らカルテルを申告するような制度を作ることが必要でした。そこで、独占禁止法で課徴金減免制度が導入されました。自らカルテルなどの違反事実を公正取引委員会に報告すれば課徴金が免除・減額されるので、事業者は進んで違反事実を公正取引委員会に報告するようになり、その結果、独占禁止法違反の摘発が容易になります。

　カルテルなどの違反事実に関する公正取引委員会の調査開始日前に、最初に独占禁止法違反の事実を報告した者については課徴金が全額免除されます。また、2番目に独占禁止法違反の事実を申請した事業者については課徴金の5割が減額され、3番目から5番目に申請した事業者については課徴金の3割が減額されます（ただし、4番目、5番目は既に公正取引委員会によって把握されている事実以外の事実を報告する必要があります）。

　また、公正取引委員会の調査開始日前に申請した事業者が5社に満たない場合には、調査開始日以後の申請者であっても最大3社まで課徴金が減額されます。この場合、課徴金の減額のためには、公正取引委員会が把握していない事実を、調査開始日から20日以内に報告する必要があります。公正取引委員会の調査開始日以後に報告をした事業者の課徴金は、報告順位を問わず3割が減額されます。

　この他にも、事業者の課徴金が減額されるためには、原則として、公正取引委員会の調査開始日以後にカルテルを行っていないこと、他の事業者に対してカルテルを強要したり、カルテルからの離脱を妨害していないこと、報告した資料に虚偽がないこと、報告や資料の提出を拒否していないことが必要です。

　課徴金の減免においては、事業者間での申請の順位が重要になります。この順位は、公正取引委員会のファクシミリ（FAX番号）に、

所定の書式に必要事項を記載した第一報が受信された順番によって決まります。平成29年7月現在、報告書を送信する公正取引委員会のFAX番号は「03-3581-5599」です。所定の書式は公正取引委員会ウェブサイト（http://www.jftc.go.jp/index.html）の「課徴金減免の申請を計画している方へ」のページで公開されています。

　事業者は、調査開始日前の時点での申請の第一報は、事業者名、カルテルの概要、カルテルの開始時期などの必要事項を、所定の書式に記載した報告書を送信します。その後、申請者は公正取引委員会から順位の通知を受け、提出期限までにカルテルについての詳細な報告書と資料を提出します。

　調査開始日以後に申請する場合には、詳細な報告書とカルテルについての資料を提出する必要があります。申請の順位についても、公正取引委員会のファクシミリの受信の先後で決まります。

　なお、法運用の透明性などの観点から、平成28年6月1日以後に課徴金減免の申請を行った事業者については、課徴金減免制度が適用された事実が一律に公表されることになっています。

■ 課徴金減免制度について

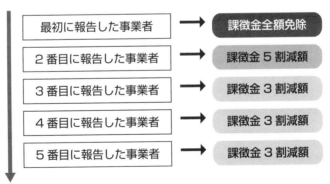

5 独占禁止法に違反しないために気をつけることは何か

事前に公正取引委員会に確認する

● どんな場合に発覚するのか

　独占禁止法違反となる行為が発覚するパターンにはいくつかの種類がありますが、通常は、公正取引委員会の調査によって発覚します。当然のことですが、公正取引委員会は独占禁止法違反となる事業者を発見する活動をしていますので、公正取引委員会の調査により独占禁止法違反の事実が発覚するケースが多くなるといえます。

　また、一般人が、公正取引委員会に独占禁止法違反行為を報告した場合にも発覚します。独占禁止法45条では、独占禁止法に違反する事実があると考えた者は、公正取引委員会にその事実を報告し、適当な措置をとるべきことを求めることができると規定されています。もし、一般人から独占禁止法違反の報告を受けた場合には、公正取引委員会は事件についての調査を行う必要があります。

● 日頃から何が違法なのかについての認識をもっておく

　独占禁止法違反となる行為を行わないためには、どのような行為が独占禁止法違反となるかについて知っておく必要があります。しかし、どのような行為が独占禁止法違反となるかについては、わかりにくい部分が多く、独占禁止法違反に該当する行為を行っている者自身に、違反の認識がないケースがあります。

　たとえば、自社と競合関係にある企業と情報交換を行う行為は、不当な取引制限に該当する可能性がある行為です。しかし、実際には、不用意に自社と競合関係にある企業との情報交換を行っている企業が多いといえます。独占禁止法違反となる行為を行わないために、少し

でも独占禁止法違反となる疑いがある行為については、弁護士などの専門家に相談しておくことが必要といえます。

また、万が一独占禁止法違反となる行為を行ってしまった場合には、適切な事後処理が必要です。まずは社内で事情聴取を行い、正確な事実関係を把握し、弁護士などの専門家に相談します。その結果、独占禁止法に違反することが確実であることが判明した場合には、独占禁止法違反の事実を公正取引委員会に報告します。課徴金減免制度の対象となる可能性があるので、公正取引委員会への報告は迅速に行うことが必要です。

◉ 事前相談制度もある

独占禁止法に違反するのかどうかについて、公正取引委員会に事前に相談することもできます。

この事前相談制度を利用するためには、事業者がこれから行おうとしている行為を具体的に示すことが必要です。また、事前相談を行った者の名称と相談内容が公表されることに同意しなければなりません。公正取引委員会は、事業者から必要な資料をすべて受け取ってから30日以内に回答を行います。

なお、公正取引委員会は、この事前相談手続ではない、一般的な相談についても受け付けています。

■ 違反しないための対策

日頃からの意識を高める
➡ 違反の疑いがあれば弁護士などの専門家に相談する

公取委への事前相談の活用
➡ 相談者名・相談内容は公表されるが、30日以内に違反の有無についての回答が得られる

Q 小企業の経営者です。事業活動の中で、大企業からの不当な要求をされることがあります。また、同業の大企業同士がカルテルを行っているという噂も耳にします。このような場合に、独占禁止法を活用できないものでしょうか。

A 独占禁止法違反の事実は、公正取引委員会による調査だけではなく、一般の人が公正取引委員会に報告をすることで発覚します。特に、独占禁止法違反に該当する行為を行う可能性が高いのは、その事業分野でのシェアが小さい企業ではなく、シェアの大きい企業です。事業の規模が大きい会社の行為が独占禁止法違反になるのではないかという疑いがあるのであれば、躊躇せずに公正取引委員会に報告することが必要です。公正取引委員会のウェブサイト（http://www.jftc.go.jp/index.html）の中には「独占禁止法違反についての報告の受付」というページがありますので、ここから違反事実を報告することができます。

　他社の独占禁止法違反行為によって自社が不利益を受けている場合には、公正取引委員会がその独占禁止法違反行為に対して排除措置命令を行います。この排除措置命令が確定する（不服申立てなどで排除措置命令を争うことができない状態になる）ことによって、独占禁止法に基づき、他社に対して損害賠償請求をすることが可能です。独占禁止法に基づく損害賠償請求を行う場合には、民法上の不法行為の規定に基づいて損害賠償請求をする場合と異なり、相手に故意や過失がなかったとしても損害賠償を受けることができます。また、他社の不公正な取引方法にあたる行為により大きな損害を受ける可能性がある場合には、自社が不利益を受ける前に、その行為を止めるように差止請求をすることもできます（129ページ）。

　このような形で独占禁止法を活用することができます。

Q 会社の経営者です。私の会社は、Aという会社から商品を納入してもらい、消費者に対して販売しているのですが、先日、A社から「販売価格は○○円にしてください」との要求を受けました。このA社の要求は独占禁止法に違反しないのでしょうか。

A A社から買い受けた商品は、自社が所有する物ですから、基本的にはそれを何円で消費者に販売するのかを自主的に決定することができます。販売価格に関するA社の要求に応じるかどうかも自由です。しかし、A社が業界最大手の会社であって、A社からの要求を断ると今後の取引に影響が出てしまうと認められる場合には、A社による「販売価格は○○円にしてください」との要求は、独占禁止法で禁止されている再販売価格の拘束に該当する可能性が高くなります。

A社としては、消費者への商品の販売価格をコントロールすることで、自らの商品のブランドイメージを維持する（安物とのイメージを持たれないようにする）とともに、消費者に対して商品を高く売ろうとしているのだと思われます。そのため、A社が、あなたの会社以外にも商品を納入しているとすると、その会社に対しても再販売価格の拘束を行っている可能性があります。再販売価格を拘束して、商品の価格を高いままで維持できれば、A社は利益を得ることができます。A社が業界最大手の会社ということであれば、A社と取引をしている会社はすべてA社からの要求を断れない状況にあると考えられます。

再販売価格の拘束は、価格競争を失わせてしまう行為であり、独占禁止法に違反する行為です。A社からの要求を断りにくいという事情があるとしても、早い段階で公正取引委員会にA社の行為を報告することが必要です。

Q 私はゲームソフト販売店を経営しています。現在「X」というシリーズのゲームソフトが大人気です。ところがXを制作しているゲーム会社Aが、A社の不人気ゲームソフト「Y」と一緒でなければXを販売しないと言っています。A社の行為は独占禁止法に違反するのではないでしょうか。

A 結論からいうと、A社の行為は独占禁止法違反として禁止されている抱き合わせ販売に該当すると考えられます。

抱き合わせ販売とは、ある商品を販売する際に、不当に他の商品を合わせて購入させることをいいます。抱き合わせ販売は不要な商品を取引相手に購入させることになり、抱き合わされた商品の市場での競争に不当な影響を与えるため、独占禁止法で禁止されています。

ただし、2つの商品を合わせて購入させても、2つで単一の商品になる場合や2つが補完関係にある場合など、それが不当に行われていないときは独占禁止法に違反しません。しかし、不人気ゲームソフトと合わせて購入させるのは、不要な商品購入の強制なので、不当に行われたと判断され、独占禁止法に違反すると考えるべきでしょう。

公正取引委員会（http://www.jftc.go.jp/）の「インターネットによる申告」からA社による違反事実を報告することが可能です。

■ 抱き合わせ販売

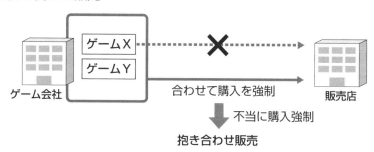

Q 会社の経営者です。先日、従業員たちが独占禁止法違反となる行為を行っていたことが判明しました。社内で対策を話し合っている段階です。独占禁止法違反となる行為をした場合、課徴金が課せられると聞いたのですが、どの程度の金額を支払う必要があるのでしょうか。

A 課徴金の額は、会社の業種や、従業員の方が行っていた独占禁止法違反行為によって、その算定率が変わります。課徴金算定率が最も高いのは、独占禁止法違反行為が不当な取引制限または支配型私的独占に該当する場合です。

　不公正な取引方法については、その一部のみが課徴金制度の適用対象となります（133ページ）。つまり、不公正な取引方法であっても、抱き合わせ販売や排他条件付取引のように、課徴金制度の対象外となる独占禁止法違反行為もあります。

　そのため、従業員の方がどのような独占禁止法違反行為を行っていたのかを見極める必要があります。

　また、従業員の独占禁止法違反行為が不当な取引制限（カルテルや入札談合など）である場合には、それが発覚した際に行うべきことは公正取引委員会への報告です。不当な取引制限を行っていた事業者が公正取引委員会に不当な取引制限を行っていた旨の事実を報告すれば、会社に対して納付が命じられる課徴金の額が減免されることがあります。公正取引委員会の調査開始日前に最初に報告した事業者であれば、課徴金の全額が免除されます。課徴金減免の割合は、早く公正取引委員会に報告した事業者の方が大きくなるので、不当な取引制限を行っていたことが発覚した場合には、迅速な報告が必要です（137ページ）。

6 公正取引委員会について知っておこう

独禁法を運用する行政機関である

● 独立して職権の行使ができる機関

　公正取引委員会は、独占禁止法を運用する機関です。公正取引委員会は、他の行政機関から指揮監督を受けることなく独立して職務を遂行します。

　なぜ公正取引委員会が他の行政機関から独立して職務を遂行することが許されているのかというと、公正取引委員会は独占禁止法違反となる行為を行った者に対して排除措置命令や課徴金納付命令を行うという役割を負っているからです。独占禁止法違反となる行為を行った者に対するこれらの命令は、裁判所に似た役割を持っているといえます。法律に違反した者を裁くような機関は、他の行政機関等から不当な圧力を受けないように独立している必要があります。

　そのため、公正取引委員会は、他の行政機関から独立して職務を遂行することが認められています。

● どんなことをしているのか

　公正取引委員会は、独占禁止法では定めきれない細かい部分についての規則を作成しています。たとえば、独占禁止法2条9項6号では、どのような行為が不公正な取引方法に該当するかを公正取引委員会が指定することが定められています。そして、独占禁止法2条9項6号に基づき、公正取引委員会は不公正な取引方法についての指定を行っています。

　公正取引委員会は、排除措置命令や課徴金納付命令を出すために、事実関係を調査する権限を有しています。さらに、この権限に加えて、

刑事事件につながる独占禁止法違反となる行為を調査する犯則調査の権限も与えられています。

公正取引委員会は、調査した事実関係に基づき、排除措置命令や課徴金納付命令を出すことができます。また、緊急の必要がある場合には、独占禁止法違反となる行為を止めることを命令するよう、裁判所に対して申し立てることもできます。

なお、以前は排除措置命令や課徴金納付命令に不服がある者は、いきなり訴訟を提起することができず、まず公正取引委員会に審判を申し立てることになっていました。しかし、平成25年の独占禁止法改正で審判制度が廃止され、排除措置命令や課徴金納付命令に不服がある者は、東京地方裁判所に当該命令の取消訴訟を提起することになりました（130ページ）。

この他には、独占禁止法を運用する上での指針となるガイドラインを公表しています。また、個別の事業者の行為が独占禁止法に抵触するかどうかについての相談を行う事前相談制度を設けています。

■ 公正取引委員会の主な仕事

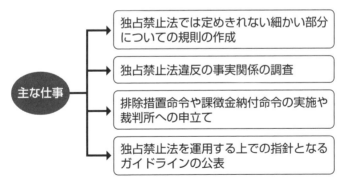

➡ 一言で言うと、公正取引委員会は独占禁止法を運用する機関！

第5章　独占禁止法違反と対策

7 独占禁止法の関連法と外国の法制度について知っておこう

下請いじめや消費者を誤認させる表示が禁止されている

● 独占禁止法の関連法としてどんな法律があるのか

　独占禁止法に関連する法律にはさまざまなものがありますが、ここでは下請法と景表法について紹介します。

　下請法（196ページ）とは、元請の事業者が下請の事業者に無理な要求をすることを禁止する法律です。通常、商品の製造をする場合には、注文主から大企業が注文を受け、大企業が元請業者、中小企業が下請業者となります。商品の製造を大企業から委託されている中小企業は大企業が得意先であり、大企業からの要求には逆らえないケースが多いといえます。

　そこで、元請業者が下請業者にとって不利益となる行為を行うことを禁止するために、下請法が制定されました。元請業者が下請業者に無理な要求をすることは、独占禁止法で禁止されている優越的地位の濫用にも該当する行為です。しかし、元請業者が下請業者に対して無理な要求をするという事例が頻発していたので、下請業者を守るための法律として下請法が制定されました。

　次に、景表法（150ページ）とは、消費者が商品の性質等について誤解する方法で商品の表示することを禁止する法律です。事業者が商品に関して、「実際の物よりも著しく優良である」「他の事業者の商品よりも著しく優良である」といった表示をすることで、消費者の誤解を招くような表示をすることが禁止されています。

　消費者の誤解を招くような不当な商品の表示については、不当な顧客誘引として独占禁止法によって禁止されています。しかし、事業者が自社の商品について広告を行う際には、消費者を騙すような手法を

用いるケースが頻繁に発生します。そのため、商品の表示に関する規制は、景表法によって詳細にその内容が定められています。

● 独占禁止法に相当する法律は世界中にある

日本の独占禁止法に相当する法律は、世界中の多くの国で制定されています。たとえばアメリカでは、シャーマン法、クレイトン法、連邦取引委員会法という3つの法律が、日本の独占禁止法に相当する法律になります。この3つの法律を合わせて反トラスト法といい、世界で最も古い独占禁止法と言われています。日本の独占禁止法は反トラスト法を参考にして制定されています。

また、EUでは、日本の独占禁止法に相当する法律として、EU競争法が制定されています。EU競争法の特徴は制裁金の大きさ（最大で事業者の全世界での売上げの10％にあたる金額）にあります。

● 独占禁止法は外国にも適用される

各国の独占禁止法は、外国で行われた独占禁止法違反行為に対しても適用されるような運用がなされています。

通常、ある国で制定された法律は、その国の中での行為に対してのみ適用されます。しかし、独占禁止法違反となる行為は国を超えて行

■ 独占禁止法と下請法・景表法との関係 ……………………

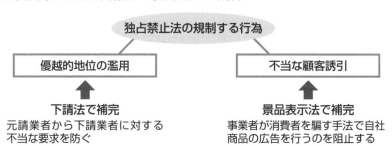

われます。たとえば、日本の企業同士が日本国内で「アメリカでの商品価格は○○円にしよう」と話し合いをすれば、アメリカの市場に影響を与えます。しかし、日本で行われた行為であるからといってアメリカの法律が適用できないのは不都合だといえます。

また、カルテルなどは国を超えて行われるケースがあります。日本の企業とヨーロッパの企業が価格カルテルを行った場合に、一方の国の独占禁止法だけではなく、両方の国の独占禁止法を適用すべきだといえます。

そのため、独占禁止法に関しては、外国で行われた行為に対しても適用されるような運用（域外運用）がなされています。

■ 海外でも適用される

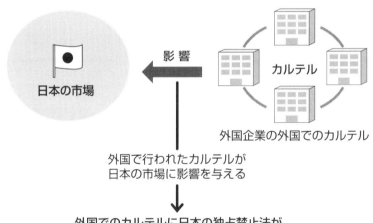

第6章

景品表示法のしくみ

1 景品表示法の全体像をおさえておこう

消費者のために過大景品と不当表示を規制する

● なぜ制定されたのか

　景品表示法は、販売促進のための景品類の行き過ぎと、消費者に誤認される不当表示を規制するために、1962年に制定された法律です。過大な景品類の提供は、独占禁止法の「不公正な取引方法」の一類型である不当誘引行為として規制されていました。これは、特定の業界における不当な景品類の提供によってもたらされる弊害が著しいとして、主に商品の購入を条件に景品類を提供する行為を規制するものでした。

　高度経済成長時代に入り、広告活動が急拡大していた1960年に、景品表示法の制定のきっかけともなる当時一大センセーションを巻き起こした虚偽表示事件が起きました。これは「にせ牛缶事件」と呼ばれ、牛肉の缶詰に、牛の肉ではなく馬や鯨の肉（当時は、牛肉より低級とみなされ安価でした）が使われていたもので、当時の国民に大きなショックを与えました。

　こうした過大な景品類の提供と不当な表示によって消費者を購買行動に誘う行為は、独占禁止法による規制では不十分だという声が各界から一挙に大きくなり、1962年に景表法が誕生しました。

　その後も、複数の事業者が食品表示等に関する大規模な偽装を行うなどの事例が相次いだこともあり、景品表示法は、特に行政の監視指導体制の強化や、不当な表示等を防止するために事業者が取り組むべき表示管理体制の徹底をめざして、法改正を通じて見直しが随時行われています。

● どんな行為を規制しているのか

　景品表示法は、その目的を、「取引に関連する不当な景品類及び表示による顧客の誘引を防止」するため、「一般消費者による自主的かつ合理的な選択を阻害するおそれのある行為の制限および禁止」をすることにより、「一般消費者の利益を保護すること」としています。

　つまり、一般消費者の自主的・合理的な商品・サービスの選択を邪魔するような「過大な景品類の提供」と「不当な表示」を行う企業活動を制限・禁止するものです。後述しますが、「過大な景品類の提供」については、必要があれば、景品類の価額の最高額・総額、種類・提供の方法など景品類の提供に関する事項を制限し、または景品類の提供を禁止することができる、としています（176ページ）。

　一方、「不当な表示」については、商品・サービスの品質などの内容について、一般消費者に対し、実際のものよりも著しく優良であると表示すること、または事実に反して競争事業者のものよりも著しく優良であると表示することを「優良誤認表示」として禁止しています。

　また、価格などに取引条件に関して、実際のものよりも著しく有利であると一般消費者に誤認される表示、または競争事業者のものよりも著しく有利であると一般消費者に誤認される表示については「有利誤認表示」として禁止しています。

■ 景品表示法のイメージ

独占禁止法
過大な景品類の提供と不当表示についての規制 ← 独占禁止法の規定だけでは不十分
↓
景品表示法で補完
↓
「過大な景品類の提供」と「不当な表示」を制限・禁止して消費者の利益を守るのが景品表示法！

第6章　景品表示法のしくみ　151

● 運用状況はどうなっているのか

　景表法の目的は、一般消費者の利益を保護することにあります。そのため、以前は景品表示法の管轄が公正取引委員会でしたが、消費者の視点から政策全般を監視する「消費者庁」が平成21年9月に発足したことに伴い、消費者庁（表示対策課）に景品表示法の管轄が移されました。また、県域レベルの事案に対応するような場合には、各都道府県が窓口となる場合もあります。

　消費者庁は、景品表示法違反の疑いのある事件について、調査を行い、違反する事実があれば、「措置命令」を行っています。措置命令は、過大な景品類の提供や不当表示を行った事業者に対して、その行為を差し止めるなど必要な措置を命ずることができるというもので、消費者庁のホームページなどで事業者の名前、違反の内容などが公表されることになります。

　2014年度から2016年度までの3年間の調査件数は、年々減少傾向にあり、2016年度は543件となっています。措置命令は、2014年度が30件、2015年度が13件、2016年度が27件となっています。

　近年は、景品関係への処理件数は大幅に減る傾向にあり、2016年度でいえば、措置命令を受けた27件の中で景品事件に関する事例は見られず、わずかに「指導」を受けたものが11件となっています。

　これは、消費者庁（公正取引委員会）が行ってきた活動が、広告・宣伝業務に携わる者や事業者の景品類・懸賞についての理解を促進してきたことによることも大きいといえます。

　また、景品表示法の運用の重点が不当表示に置かれるようになった大きな要因として、近年次々と明るみに出た有名企業による牛肉偽装、賞味期限偽装、消費期限偽装などによって、消費者の企業に寄せる信頼が大きく裏切られることになり、消費者の商品・サービスの表示への関心がこれまでになく高まったことも挙げることができます。

2 景品類について知っておこう

物品・金銭の提供は「取引に付随」すれば景品類となる

● 景品類とは

　商品についてくる「おまけ」について過大な宣伝・広告がなされると、消費者が惑わされて購入してしまい、後でトラブルが生じることがあります。そのため、景品類の提供については、景品表示法で規制が行われています。

　一般的に景品類とは、粗品・おまけ・賞品などをいうと考えられています。景品表示法では、景品類を「顧客を誘引するための手段として、その方法が直接的であるか間接的であるかを問わず、くじの方法によるかどうかを問わず、事業者が自己の供給する商品または役務の取引（不動産に関する取引を含む）に付随して相手方に提供する物品、金銭その他の経済上の利益であって、内閣総理大臣が指定するもの」としています。

● なぜ規制されているのか

　商品・サービスの質・価格での競争は、事業者・消費者の両方にとって有益なものといえます。しかし、消費者が、過大な景品類の提供に惑わされて、より良い商品・サービスの自主的・合理的な選択ができなくなってしまうことは、消費者にとって不利益をもたらすことになります。景表法では、景品類の最高額・総額などを規制することによって、過大な景品類の提供による不健全な競争を防止し、一般消費者の利益を保護しようとしています。

● 定義告示運用基準について

　1977年、景品類の定義をさらに明確にするために、公正取引委員会（景表法が消費者庁に移管される前に公正取引委員会が行ったものは、内閣総理大臣が行ったものとみなされます）によって「景品類等の指定告示の運用基準について」（定義告示運用基準）が公表されました。

　定義告示運用基準は、景品類の提供に該当するための要件として、①「顧客を誘引するための手段として」、②「事業者」、③「自己の供給する商品または役務（サービス）の取引」、④「取引に付随して」、⑤「物品、金銭その他の経済上の利益」、の5つの項目を挙げています。以下、見ていきましょう。

① **「顧客を誘引するための手段として」**

　物品などの提供が「顧客を誘引するための手段として」使われたかどうかに関しては、提供した側の主観的な意図や企画の名目がどうであるかは問題にならず、客観的に判断されるとしています。

　なお、「顧客を誘引する」とは、新規の顧客の誘引にとどまらず、既存の取引の継続・取引拡大を誘引することも含まれています。

② **「事業者」**

　事業者には、営利企業だけではなく、営利を目的としない協同組合・共済組合であっても、商品又は役務を供給する事業については、事業者にあたるとされています。また、公的機関でも私的な経済活動に類似する事業を行ったり、学校法人・宗教法人でも収益事業を行うときには、それらの事業については、事業者にあたることになります。

③ **「自己の供給する商品または役務（サービス）の取引」**

　事業者が製造・販売する商品が最終需要者に届くまでの全流通段階における取引のすべてが含まれるとしています。ですから、ある商品を消費者に販売する小売業者の取引も、その商品を小売業者に販売するメーカーの取引も該当することになります。

　また、賃貸、交換、融資などの供給取引も含まれます。これに対し、

古書店が古本を買い取る場合のように、自己（事業者）が商品・サービスを一方的に受ける側に立つものは含まれません。

④ 「取引に付随して」

景表法においては、景品類の提供が、「取引に付随して」行われる場合のみが規制の対象になるとしています。

「取引に付随して」は景品類にあたるかあたらないかを判断するための重要な要件です。

まず、購入することを条件として、景品類を提供する場合は、文字通り「取引に付随」する提供になります。これに加えて、事業者が、買ってくれるのか買ってくれないのかが前もってはわからない、自己の店への入店者に提供する場合であっても、「取引に付随して」提供することになるとしています。なぜなら、景表法では、顧客誘引という観点から、提供される経済上の利益と「取引」との間に客観的な関連性があるのであれば、「取引に付随して」提供する景品類にあたるとしているからです。

定義告示運用基準では、「取引に付随」する提供にあたる場合につ

■ 景品類の提供の要件（定義告示運用基準）

① 顧客を誘引するための手段として	企業側の意図ではなく、客観的に判断する
② 事業者	経済活動を行っている者すべてが含まれる
③ 自己の供給する商品または役務（サービス）の取引	需要者に届くまでの全流通段階における取引のすべてが含まれる。賃貸、交換、融資などの供給取引も含まれる
④ 取引に付随して	取引に付随して行われる景品類の提供のみが規制の対象となる
⑤ 物品、金銭その他の経済上の利益	商品・サービスなど経済的な対価を支払って手にいれるものすべてのもの

第6章　景品表示法のしくみ

いて以下のように示しています。

> - 取引を条件として他の経済上の利益を提供する場合
> - 取引を条件としない場合でも、取引の相手を主な対象として、経済上の利益の提供が行われるとき
> - 取引の勧誘に際し、相手に金品・招待券などを供与する場合
> - 懸賞により提供する場合や相手に景品類の提供だと認識される仕方で提供する場合

逆に、「取引に付随」する提供にあたらないのは、次の4つの場合です。

> - 取引の本来の内容となる経済上の利益の提供
> - ある取引で2つ以上の賞品・サービスが提供される場合でも「取引に付随」する提供とはならない場合がある（いわゆるセット販売）
> - オープン懸賞での応募者の中に、偶然その事業者の賞品・サービスの購入者が含まれていたときのその応募者への景品の提供
> - 賞品・サービスの購入者を紹介してくれた人への謝礼（紹介者を賞品・サービスの購入者に限定する場合は除く）

⑤ 「物品、金銭その他の経済上の利益」

「経済上の利益」とは、通常、経済的な対価を支払って手にいれることができるすべてのものをいいます。商品・サービスを通常の価格より安く購入できることもこれにあたります。提供を受ける側から判断されるものですから、事業者が特に出費を必要としないで提供できる物などでも「経済上の利益」に含まれることになります。ただし、自社の商品・サービスのモニターへの報酬など、仕事の報酬などと認められる場合には該当しません。

景品類にあたるとされた場合であっても、「正常な商習慣に照らして」以下のものに該当する場合は、景品類等の指定の告示によって除外されています。
・値引きと認められる経済上の利益（ただし、①懸賞により金銭を提供する場合、②提供する金銭の使途を制限する場合、③同一の企画で金銭の提供と景品類の提供とを行う場合は、「値引き」とはならず「景品類」にあたることになります）
・アフターサービスと認められる経済上の利益
・商品等に付属すると認められる経済上の利益

● 規制内容にはどんなものがあるのか

景表法における景品規制は、まず、すべての業種に対して適用される、①懸賞制限、②総付景品制限、という2つの種類が規定されています。さらに、特定の業種に対しては、個別の告示によって景品規制が規定されています。

● 懸賞制限について

景表法では、懸賞によって提供できる景品類の最高額と総額を制限しています。

■ 景品類の要件である「経済上の利益」

経済上の利益
- ① 物品及び土地、建物その他の工作物
- ② 金銭、金券、預金証書、当選金付き証票及び公社債、株券、商品券その他の有価証券
- ③ きょう応（映画、演劇、スポーツ、旅行その他の催物等への招待または優待を含む）
- ④ 便益、労務その他の役務

① 懸賞の定義

「懸賞」とは、くじなど偶然性を利用して、または特定の行為の優劣・正誤によって、景品類の提供の相手もしくは提供する景品類の額を定めることです。抽選券やジャンケン、パズル・クイズの正誤、作品などのコンテストの結果の優劣などによって景品類の提供を定める場合が該当します。

② 景品類の価額制限

「一般懸賞」（俗に「クローズド懸賞」ともいいます）の場合、懸賞によって提供できる景品類の価額の最高額は、10万円を限度として、「取引価額」の20倍の金額を超えてはならないとされています。たとえば、800円の場合は、16000円までの景品がつけられます。これに対し、商店街や業界などが共同で行う「共同懸賞」の場合は、「取引価額」にかかわらず、最高額は30万円を限度としています。さらに、懸賞類の総額に関する規制もあり、一般懸賞の場合は「懸賞にかかる売上げ予定総額」の2％まで、共同懸賞の場合は3％までとされています。

なお、「景品類の価額」は、景品類の提供を受ける者が、通常購入する価格で、消費税も含まれます。

また、「取引価額」とは次の通りです。

・購入者に対して、購入額に応じて景品類を提供する場合はその購入金額
・購入金額を問わない場合は、原則100円。ただし、最低価格が明らかに、100円を下回るとき、または100円を上回るときは、その価格
・購入を条件としない場合は、原則100円。ただし、最低価格が明らかに100円を上回るときは、その価格

● 総付景品制限について

景表法によって、懸賞によらない景品類の提供についても、規制されています。

① 総付景品の定義

「総付景品」（俗に「ベタ付け景品」ともいいます）とは、懸賞の方法によらないで提供される景品類をいいます。次の場合が該当することになります。
・商品・サービスの購入者全員に提供する場合
・小売店が来店者全員に提供する場合
・申込みまたは入店の先着順に提供する場合

② 最高限度額

「取引価額」が1000円未満の場合は、景品類の最高額は、一律200円、1000円以上の場合は、取引価額の10分の2までです。

③ 適用除外

次の場合で、正常な商習慣に照らして適当と認められるものは、総付景品の提供としての規制対象とはしないとされています。
・商品の販売・使用またはサービスの提供のために必要な物品
・見本などの宣伝用の物品
・自店および自他共通で使える割引券・金額証
・開店披露・創業記念で提供される物品

■ 景品規制

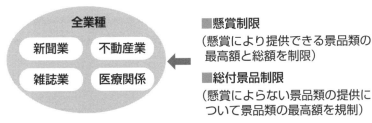

● 特定業種における景品制限について

　懸賞制限・総付景品制限は、すべての業種に適用されるものです。これに加えて、新聞業・雑誌業・不動産業・医療関係（医療用医薬品業・医療機器業・衛生検査所業）の4つの特定の業種については、別途、それぞれに適用される制限が設けられています。

　これは、これら各業種の実情を考慮して、一般的な景品規制と異なる内容の業種別の景品規制が行われるべきだとして、景表法3条の規定に基づき、告示により指定されているものです。

　特に、不動産業においては、売買に付随して消費者に景品類を提供する場合、その価額が高額になることが予想されるため、特別な規定を設ける必要があるとされています。また、医療関係においては、医療機関が、メーカーなどから提供される景品類に左右されて医療機器・医薬品などを購入することによって、消費者（患者）に弊害がもたらされることのないように、特別な制限が設けられています。

● オープン懸賞について

　オープン懸賞とは、事業者が、企業・商品の知名度・イメージを高めるために、新聞・雑誌・テレビ・ラジオやウェブサイトなどの広告で、商品（サービス）の購入を条件としないで、一般消費者に懸賞による金品の提供を申し出るものです。

　事業者が、顧客を誘引するために行うものですが、「取引に付随」するものではないことから、景表法における規制を受けることがありませんので、そこに目をつけて、一般的にオープン懸賞と言われています。なお、提供できる金品について具体的な上限額の定めはありません。

3 不当表示について知っておこう

優良誤認表示・有利誤認表示・その他の不当表示がある

● 不当表示とは

　商品・サービスの品質や価格に関する情報は、消費者が商品・サービスを選ぶ際の重要な判断材料であり、消費者に正しく伝わる必要があります。

　商品（サービス）に関する情報は、パッケージ・パンフレット・チラシ・説明書などによる表示や新聞・雑誌・テレビ・ラジオ・インターネットなどで行われる広告によって、消費者にもたらされます。そして、そこに表示された、商品の品質・内容、および価格・支払条件・数量などの取引条件から商品を選択します。

　しかし、ここで行われる「表示」が、実際の内容より著しく優れたものであると示されている場合や、事実と違って他社の商品より優れていると示されている場合、消費者は商品の適正な選択を妨げられるという不利益を被ることになります。

　景表法による不当表示の規制は、不当な顧客の誘引を防ぎ、消費者が適正に商品の選択ができるようにすることを目的としています。そのため、「不当表示」にあたるかどうかの判断は、当該表示が消費者にどのような印象・認識をもたらすかによることになります。

　通常、消費者は、何らかの表示がされていれば、実際の商品も表示の通りだと考えます。表示と実際のものが違う場合、消費者は、実際の商品が表示通りの商品であると誤認することになるでしょう。景表法に規定される不当表示とは、このように商品・サービスの内容や取引条件について、消費者に誤認を与える表示のことをいいます。

　景表法は、事業者が供給する商品・サービスについて、消費者に対

して、不当に顧客を誘引し、消費者の自主的・合理的な選択を阻害するおそれがあると認められるこれらの表示（不当表示）を行うことを禁止しています。

● 要件について

不当表示規制には、優良誤認表示、有利誤認表示、指定表示（内閣総理大臣が指定する表示）の3つがあります（164ページ）。これらの不当表示規制に該当するために共通する要件は、次の通りです。

① 表示

景表法では、「表示」とは、「顧客を誘引するための手段として、事業者が自己の供給する商品または役務の内容または取引条件その他これらの取引に関する事項について行う広告その他の表示であって、内閣総理大臣が指定するもの」であると定めています（2条4項）。景品表示法上の「表示」として指定されているものは下記の5つです。

・商品、容器または包装による広告その他の表示およびこれらに添付した物による広告
・見本、チラシ、パンフレット、説明書面その他これらに類似する物による広告（口頭や電話を含む）
・ポスター、看板（プラカードおよび建物または電車、自動車等に記載されたものを含む）、ネオン・サイン、アドバルーン、その他これらに類似する物による広告および陳列物または実演による広告
・新聞紙、雑誌その他の出版物、放送（有線電気通信設備または拡声機による放送を含む）、映写、演劇または電光による広告
・情報処理の用に供する機器による広告その他の表示（インターネット、パソコン通信等によるものを含む）

② **顧客を誘引するための手段として行われるもの**

事業者の主観的な意図や企画の名目がどうであるかは問題にならず、客観的に顧客取引のための手段になっているかどうかによって判断されます。また、新規の顧客の誘引にとどまらず、既存の顧客の継続・取引拡大を誘引することも含まれます。

③ **事業者**

営利企業だけではなく、経済活動を行っている者すべてが事業者に該当します。そこで、営利を目的としない協同組合・共済組合や、公的機関・学校法人・宗教法人などであっても、経済活動を行っている限りで事業者に該当します。

④ **自己の供給する商品または役務（サービス）の取引にかかる事項について行うこと**

「自己の」供給する商品・サービスに限られます。そのため、新聞社・放送局や広告会社などが、他社であるメーカーなどの商品・サービスの広告を行う場合は、不当表示規制の対象外となります。

■ **不当表示規制の要件**

- **表示**
  包装による広告、パンフレット、ポスター、新聞紙・雑誌など、指定されているもの
- **顧客を誘引するための手段として**
  企業側の意図ではなく、客観的に判断する
- **事業者**
  経済活動を行っている者すべてが含まれる
- **自己の供給商品・サービスに関する取引について行われる表示**
  対象は自社の供給する商品・サービスに限られ、他社の商品・サービスの広告は含まれない

不当表示の具体的な規制内容について知っておこう

具体例を知ることによって、規制内容についての理解が深まる

● どんなパターンがあるのか

不当表示の規制は、次の3つに区分されます。これらを、不当に顧客を誘引し、一般消費者による自主的・合理的な選択を阻害するおそれがあると認められる不当表示として禁止しています。

① **優良誤認表示**

商品・サービスの品質、規格その他の内容についての不当表示

② **有利誤認表示**

商品・サービスの価格その他の取引条件についての不当表示

③ **指定表示**

商品・サービスの取引に関する事項について消費者に誤認されるおそれがあると認められる内閣総理大臣が指定する表示

● 優良誤認表示について

優良誤認表示は、ⓐ内容について、一般消費者に対し、実際のものよりも著しく優良であると示す表示、ⓑ事実に相違して、同種（類似）の商品・サービスを供給している競争事業者のものよりも著しく優良であると示す表示の2つに分類できます。具体的には、商品（サービス）の品質を、実際のものより優れていると広告する場合や、競争事業者が販売する商品よりも特別に優れているわけではないのにあたかも優れているかのように虚偽の広告を行うと、優良誤認表示に該当することになります。消費者庁の資料によると優良誤認表示の具体的な例としては、以下のようなものがあります。

① **内容について、一般消費者に対し、実際のものよりも著しく優良**

であると示す表示

- 販売する中古自動車の走行距離を3万キロと表示したが、実はその中古自動車の走行距離メーターを巻き戻したものだった。
- 国産の有名ブランド牛肉であるかのように表示して販売していたが、実はただの国産牛肉で、ブランド牛肉ではなかった。
- 「入院1日目から入院給付金を支払う」と表示したが、入院後に診断が確定した場合には、その日からの給付金しか支払われないシステムになっていた。
- 天然のダイヤモンドを使用したネックレスのように表示したが、実は使われているのはすべて人造ダイヤだった。
- 「カシミヤ100％」と表示したセーターが、実はカシミヤ混用率が50％しかなかった。
- 「翌日配達」と表示していたが、実は一部地域にしか翌日届いていなかった。

② 事実に相違して、同種（類似）の商品・サービスを供給している競争事業者のものよりも著しく優良であると示す表示

- 「この機能がついているのはこの携帯電話だけ」と表示していたが、実は他社の携帯電話にも同じ機能が搭載されていた。
- 健康食品に「栄養成分が他社の2倍」と表示していたが、実は同じ量しか入っていなかった。

● 優良誤認表示に関する不実証広告規制とは

　景表法では、内閣総理大臣（消費者庁）は、商品の内容（効果・効能など）について、優良誤認表示に該当するか否かを判断する必要が

ある場合には、期間を定めて、事業者に対して、表示の裏付けとなる合理的な根拠を示す資料の提出を求めることができます。その提出期限は、原則として、資料提出を求める文書が送達された日から15日後とされ、厳しいものとなっています。この期限内に事業者が求められた資料を提出できない場合には、当該表示は不当表示とみなされます。つまり、表示（広告内容）の裏付けとなる合理的な根拠を示すことのできなかった広告を「不実証広告」として規制しようというものです。不実証広告規制は、優良誤認表示の規制をより効果的なものにするための規制ということができます。

　消費者庁によると、不実証広告規制の対象となる具体的な表示は、下記の通りです。

・水を活性化すると標ぼうする商品：「水道水を通過させることにより、風呂場のカビの発生等を抑え、トイレの水あかを付きにくくし、台所のシンク周りのぬめりを抑える」
・ゴキブリ・ネズミ駆除機：「超音波と電磁波の両方を利用することで、家屋のゴキブリ・ネズミなどをブロックします」
・包丁：「使えば使うほど切れ味は鋭利になり」「研がなくても25年間、そのすばらしい切れ味は不変」
・自動車用品：「エンジンに取りつけるだけで25％燃費軽減！」「確実に５％～25％の燃料カット」
・痩身効果を標ぼうする茶：「4.5kg～10kg減量がラクラク！！」「食前に飲むと、その11種類の天然植物の成分が後から入ってくる食物中の脂肪分が身体に取り込まれないように薄い保護膜を作る」
・化粧品：「ニキビ等どんな肌のトラブルも、リンゴの皮をむくようにスルリと優しくむき取ります」「３週間後には顔中にあったニキビが全部むき取れて消滅し、今ではすっきりスベスベ肌」

● 有利誤認表示について

有利誤認表示は、さらに次の2つに分類されますが、消費者庁の資料にある具体例も挙げながら見ていきましょう。

① **価格やその他の取引条件について、実際のものよりも著しく有利であると消費者に誤認される表示**

- 住宅ローンについて、「○月○日までに申し込めば優遇金利」と表示したが、実際には、優遇金利は借入れ時期によって適用が決まるものであった。
- みやげ物の菓子について、内容の保護としては許容される限度を超えて過大な包装を行っていた。

② **価格やその他の取引条件が、競争事業者のものよりも著しく有利であると消費者に誤認される表示**

- 他社の売価を調査せずに「地域最安値」と表示したが、実は近隣の店よりも割高な価格だった。
- 「無金利ローンで買い物ができるのは当社だけ」と表示したが、実は他社でも同じサービスを行っていた。

● その他誤認されるおそれのある表示（指定表示）

景表法には、法自体に要件が定められている優良誤認表示・有利誤認表示の2つの不当表示の他に、内閣総理大臣が指定する不当表示があります。

優良誤認表示・有利誤認表示にあたるような表示は、実際の商品・サービスと著しく異なり、消費者に不利益をもたらすものであるため、直ちに規制されるべきものとして法律で規制されています。

しかし、複雑化し、高度化した現代の経済社会においては、この優良誤認表示・有利誤認表示だけでは、消費者の適正な商品選択を妨げる表示に十分な対応ができないとして、「指定表示」を設けたものです。

現在は、次の６つが指定されています。

① **無果汁の清涼飲料水等についての表示**

対象となる商品は２つあります。１つは、原材料に果汁や果肉が使われていない、容器・包装入りの清涼飲料水など（清涼飲料水・乳飲料・発酵乳・乳酸菌飲料・粉末飲料・アイスクリーム類・氷菓）です。もう１つは、原材料に僅少な量の果汁や果肉が使われている容器・包装入りの清涼飲料水などです。

これらの商品について、無果汁・無果肉であることや、果汁・果肉の割合を明瞭に記載しないのに、果実名を用いた商品名の表示などをすることが不当表示となります。

② **商品の原産国に関する不当な表示**

２つの行為類型が規定されています。１つは、国産品について外国産品と誤認されるおそれのある表示、もう１つは、外国産品について国産品・他の外国産品と誤認されるおそれのある表示が不当表示であると規定しています。

③ **消費者信用の融資費用に関する不当な表示**

消費者に対するローンや金銭の貸付において、実質年率が明瞭に記載されていない場合は不当表示にあたるとしています。

④ **おとり広告に関する表示**

広告・チラシなどで商品（サービス）があたかも購入できるかのように表示しているが、実際には、記載された通りに購入できないものであるにもかかわらず、消費者がこれを購入できると誤認するおそれがあるものが不当表示となります。具体例としては、消費者庁（公正取引委員会）が公表した次のものがあります。

> ・セール期間中のチラシに「超特価商品10点限り!」と表示しているにもかかわらず、実際には、その商品を全く用意していない場合、または表示していた量より少ない量しか用意していない場合には、おとり広告に該当し、不当表示とされる。

⑤ 不動産のおとり広告に関する表示

具体例としては、次のものが不当表示となります。

> ・不動産賃貸仲介業者が、ウェブサイトで、ある賃貸物件を掲載していたが、実際にはその物件はすでに契約済みのものであった。

⑥ 有料老人ホームに関する不当な表示

具体例としては、次のものが不当表示となります。

> ・有料老人ホームが、入居希望者に配ったパンフレットには24時間の看護体制をとっていると表示していたが、実際には24時間体制はとっておらず、事実とは異なるものであった。

■ 不当表示の類型

① 優良誤認表示	規制を効果的なものにするため不実証広告規制が導入された
② 有利誤認表示	価格や取引条件について消費者を誤認させるような表示
③ 指定表示	6つの指定表示がある

第6章 景品表示法のしくみ

5 不当表示の具体例を知っておこう

景表法は、不当表示による不利益から一般消費者を守る

● 具体例にはどんなものがあるのか

　消費者庁のホームページにも公表された事例を基に、表示による景表法への違反行為によって措置命令を受けたケースについて見ていきましょう。

① 優良誤認表示のケース

・ケース1

　A社が販売する、窓に貼ることで室温の上昇を抑える効果があるとする遮熱フィルムの施工サービスについて、ダイレクトメールやチラシにおいて、「室温上昇を最大で5.4度または6度抑えられる」などと表示していた。室温を抑制する合理的な根拠を調査するために、消費者庁は表示の合理的な根拠となる資料の提出をA社に要請したところ、A社が提出した資料では、フィルムメーカーが行った実験により窓際の気温の上昇が抑制されることから明らかになったが、表示している5.4度または6度抑制するという合理的根拠は何ら示されなかった。そこで、消費者庁は室内全体の気温が抑えられる根拠とは認められないとして、優良誤認表示にあたると認定した。

・ケース2

　LED電球を販売する12社は、商品パッケージなどにおいて、「白熱電球40W形相当の明るさ」などと表示していたが、消費者庁と公正取引委員会とが合同で調査した結果、実際には、光量は規定の約30～85%にとどまり、用途によっては比較対象とした白熱電球と同等の明るさを得ることができないものであった。LED電球については、各地の消費生活センターに、「『40W形相当』と表示されたものが、白熱

電球よりも暗く感じる」という多くの苦情が寄せられていた。
② 有利誤認表示のケース
・ケース１

　B社が販売する懸賞付きのパズル雑誌内で、「全問豪華スペシャルプレゼント」という懸賞企画で「現金10万円１名様」「現金５万円１名様」「大型液晶テレビ１名様」「掃除用ロボット１名様」「調理器具１名様」などと記載していた。当選者数全員に賞品等が提供されるという記載に見えるが、実際には、記載された当選者数よりも少ない数の商品しか提供されなかった。これを見た消費者は、景品等の数の多さから景品等に当選する確率が高いとして、取引条件を誤認してしまうため、取引条件を有利に誤認させる表示であると認定された。

・ケース２

　中古車販売の大手であるＥ社は、「Ｅ社が提供する『〇〇プラン』を利用すれば月々1900円からクルマが買える」「10年保証」などと、テレビなどで宣伝していた。しかし、実際には、月々の支払いの他に年２回のボーナス時にそれに上乗せした金額を支払う必要があった。また、10年保障は、Ｅ社が供給する中古自動車すべてに適用されるものではなく、約560車種のうちの同社が指定する20車種のみに適用されるものであった。

③ 「商品の原産国に関する不当な表示」のケース

　Ｆ社は、販売する天然はちみつのラベルとシールに、「日本でも最も古く、明治時代から蜜蜂の飼育に専念」「特に三陸地方から北上山系の早池峰山麓に本拠地を置き」「わが国で最も品質の高いと謳われる純粋の『栃やあかしあやクローバーの花の蜜』を生産して参りました」という表示を行っていた。しかし、このはちみつは、国産のものだけではなく、中国・ハンガリーで採蜜された天然はちみつが混ぜられたものだった。一般消費者が、それぞれの国で採蜜されたものが混じっていることを認識することが困難である、とされた。

事業者はどんな管理体制を構築しなければならないのか

不当表示等を未然に防止するための措置を採る必要がある

● 求められる体制の構築

　景品類の提供、もしくは、その事業者が供給する商品・役務について一般消費者向けに表示を行っている事業者は、その規模や業務の態様、取り扱う商品またはサービスの内容等に応じて、不当表示等（景品表示法に違反する景品類の提供または表示）を未然に防止するために必要な措置を講じなければなりません。もっとも、従来から景表法や景表法の規定に基づく協定・公正競争規約を遵守するために必要な措置を講じている事業者は、その他に別途新たな措置を採る必要はありません。

　事業者が講ずべき措置の具体的な内容として、主に①景品表示法の考え方の周知・啓発、②法令遵守の方針等の明確化、③表示等（景品類の提供または自己の供給する商品・役務の一般消費者向けの表示）に関する情報の確認、④表示等に関する情報の共有、⑤表示等を管理するための担当者等を定めること、⑥表示等の根拠情報を事後的に確認するために必要な措置を採ること、⑦不当な表示等が明らかになった場合における迅速かつ適切な対応が挙げられます。それぞれの措置について詳しく見ていきましょう。

● 景品表示法の考え方の周知・啓発

　不当表示等を防止するために、表示等に関与している役員および従業員にその職務に応じた周知・啓発を行う必要があります。特に、周知・啓発を行うにあたって、表示等が一般消費者にとって商品・役務を購入するかどうかを判断する重要な要素になっていること、そして、

その商品・役務について多くの情報・知識を持っている事業者が正しい表示等を行うことで、一般消費者の利益が保護されることを、役員・従業員等に十分に理解させる必要があります。従業員等が景表法の考え方を周知・徹底することで、一般消費者だけでなく、ひいては事業者やその事業者が関係する業界全体の利益にもなることを伝える必要があります。

● 法令遵守の方針などの明確化

　事業者は、不当表示等を防止するために、景品表示法を含む法令遵守の方針・手順等をあらかじめ明確にしておかなければなりません。

　もっとも、不当表示等を防止する目的に限って法令遵守の方針等を定めることを求めているものではありません。一般的な法令遵守の方針等があれば、それで足りると考えられています。

　たとえば、社内規程の中に法令遵守の方針等として、法令違反があった場合の対処方針や対処内容、不当表示等については、不当表示等が発生した場合の連絡体制・商品等の回収方法、関係行政機関への報告手順を定めておくことが挙げられます。その他にも、事業者の規模に応じて、パンフレット、ウェブサイトなどの広報資料に法律遵守に関する方針を記載することでも、十分に方針を明確化したと認められる場合もあると考えられます。

■ 景品の提供・表示について事業主が講ずべき管理上の措置……

事業者が講ずべき表示等の管理上の措置の内容
① 景表法の考え方の周知・徹底　② 法令順守の方針等の明確化
③ 表示等に関する情報の確認　④ 表示等に関する情報の共有
⑤ 表示等の管理担当者の決定
⑥ 表示等の根拠になる情報の事後的な確認方法の確保
⑦ 不当表示等が明らかになった場合の迅速・適切な対応の整備

● 表示等に関する情報の確認

　事業者は、景品類等の提供に関して、その適正な価額・提供の方法等を確認しなければなりません。特に、①景品類を提供しようとする場合における違法とならない景品類等の価額の最高額・総額・種類・提供の方法等、②商品・役務の長所や特徴を消費者に知らせるための内容等について積極的に表示を行う場合における、その表示の根拠となる情報を確認することの2点に注意して確認を行う必要があります。

　十分な確認が行われたと言えるかは、主に表示等の内容・検証の容易性や、事業者が払った注意の内容・方法等を考慮して総合的に判断されます。たとえば、商品の内容等について積極的に表示を行う場合には、商品等の直接の仕入れ先に関する確認や、商品自体の表示の確認など、事業者が当然把握できる範囲の情報について、表示の内容等に応じて適切に確認することが通常求められると考えられます。

　また、商品・役務の提供について段階がある場合には、業種によっては、提供する商品を企画する段階、材料の調達段階、調達した材料の加工（製造）段階、加工物を商品として実際に提供する段階など、複数の段階における情報の確認を組み合わせて実施することが必要になる場合もありえます。

● 表示等に関する情報の共有

　表示等に関して確認した情報について、事業者内の表示等に関係する各部門において、不当表示等を防止する上で必要な場合に、情報を共有・確認できる体制を整えておく必要があります。特に部門が細かく細分化されている事業者においては、商品等の企画・製造・加工などを行う部門と、実際に表示等を行う営業・広報部門等との間における情報共有が不十分であるために、不当表示等が発生することが少なくありません。そこで、たとえば社内ネットワークや共有ファイル等を活用して、従業員が必要に応じて、表示の根拠になる情報を閲覧・

伝達できるシステムを構築しておく必要があります。

● 表示等を管理する担当者等の決定

　事業者は、表示等に関する事項の適正な管理のために、担当者をあらかじめ定めて明確にしておくことが望まれます。なお、表示等管理担当者を定める上では、表示等管理担当者が表示等に関して監視・監督権限を持っていること、そして、表示等管理担当者が複数存在する場合には、それぞれの権限の範囲が明確であることが重要です。

　また、表示等管理担当者に関して、事業者内部で誰が担当者であるのかを周知する方法が確立していることも重要です。もっとも、既存の管理部門や法務部門に、表示等管理業務を担当させるのであれば、新たに表示等管理担当者を設置する必要はありません。

● 表示等の根拠情報を事後的に確認するための措置を採る

　事業者は商品・役務の表示等に関する情報について、表示等の対象となる商品・役務が一般消費者に供給され得ると考えられる期間に渡り、その情報を事後的に確認するために必要な措置を採らなければなりません。たとえば、商品の賞味期限に関する情報については、その期限に応じた期間に渡り、必要な資料を保管等する必要があります。

● 不当な表示等が明らかになった場合の対応

　事業者は、特定の商品やサービスに景品表示法違反、または、そのおそれがあることが明らかになった場合に、事実関係を迅速・正確に確認し、消費者の誤認排除を迅速かつ適正に行う体制を整備しておかなければなりません。また、誤認した消費者のみではなく、以後の誤認を防止するために、一般消費者に認知させるための措置をとる必要があります。

消費者庁や都道府県知事による措置について知っておこう

不当表示に関して調査し、是正・排除を求める権限を持つ

● 消費者庁の措置命令ではどんなことを命じられるのか

　景品表示法違反の過大な景品類の提供（4条）や不当表示（5条）が行われている疑いがある場合、消費者庁は、事業者から事情聴取したり、資料を収集して調査を実施します。そして、事業者が、景品表示法に違反し、商品の品質や値段について実際よりも優れているかのような不当表示や、安価であると消費者が誤解するような不当表示などをしていると判断した場合には、消費者庁は、その事業者に対して、違反行為の差止め、一般消費者に与えた誤認の排除、再発防止策の実施、今後違反行為を行わないことなどを命ずる行政処分を行うことになります。これを措置命令といいます。

　なお、公正取引委員会にも景品表示法違反に関する調査権限はありますが、措置命令を行う権限はありません。

● 消費者庁の措置命令が出される場合と手続き

　景品表示法の規定上は、内閣総理大臣が措置命令などの権限を行使すると規定しています。もっとも、不当表示や過大な景品類の提供を取り締まるのは、景品表示法を所管する消費者庁の役割です。そこで、消費者庁が、措置命令に関する手続きを進めて行くことになります。

　景表法に違反する行為に対する措置命令の手続の流れは以下の通りです。

① 調査のきっかけとなる情報の入手

　景表法違反の調査は、違反行為として疑われる情報を入手することがきっかけで始まります。違反事件の調査を始めるきっかけとなる情

報をつかむことを端緒といいます。景表法においては、端緒に法的な限定はありません。一般的には、一般消費者・関連事業者・関連団体からの情報提供や、職権による探知（自ら事件を探りあてること）などがあります。

② 調査

景品表示法違反の行為に関する調査のための権限・手続は、一般的な行政調査権と同じ手続によって行われるのが原則です。

調査の主体は、消費者庁から公正取引委員会に委任されていますが、消費者庁自身も調査できるとしているので、消費者庁と公正取引委員会の双方がそれぞれ、または共同して調査を行っています。

③ 事前手続（弁明の機会の付与）

行政庁が不利益処分（名宛人の権利を制限し、または名宛人に義務を課する処分）を行う場合には、その処分の相手（名宛人）となるべき者の権利保護のため、事前手続として弁明の機会を付与することが必要です。措置命令も不利益処分に該当しますので、消費者庁は事業者に対し、事前に弁明の機会を付与しなければなりません。

なお、不当表示のうち優良誤認表示が疑われる事実がある場合、消費者庁は、事業者に対して、期間を定めて表示の裏付けになる合理的な根拠を示す資料の提出を求めることができます。提出ができないと、措置命令に際し事業者は不当表示を行ったとみなされます。

以上の手続きを経て、なお事業者が不当表示や過大な景品類の提供を行っていると判断した場合には、消費者庁が措置命令を行います。

● 措置命令に不服がある場合はどうする

措置命令の内容は、主文、事実、法令の適用、法律に基づく教示の４つの項目からなっています。

また、主文では、前述したように、次の事項が命じられることになります。

- **差止命令**
  過大な景品や虚偽・誇大な広告などの中止
- **再発防止策の実施**
  今後、同様の行為を行わないこと、同様な表示が行われることを防止するための必要な措置を講じ、役職員に徹底すること
- **差止命令や再発防止策実施に関する公示**
  違反行為があった事実について、取引先への訂正通知や、一般消費者に向けて新聞広告などを行うこと
- **その他必要な事項**
  命令に基づいて行ったことを、消費者庁長官に報告することなど

措置命令を不服として争うための手続は、行政不服審査法に基づく審査請求、または行政事件訴訟法に基づく取消しの訴え（取消訴訟）によることになります。

審査請求は、措置命令を知った日の翌日から起算して3か月以内かつ措置命令の日の翌日から起算して1年以内に、書面で消費者庁長官に対して行います。

また、訴訟によって措置命令の取消を請求する場合（取消訴訟）は、措置命令を知った日の翌日から起算して6か月以内かつ措置命令の日の翌日から起算して1年以内に、国（法務大臣）を被告として訴訟を提起します（審査請求を行った場合はその裁決が起算点となります）。

◉ 関係省庁や都道府県知事によって措置が行われることもある

措置命令については、以前は消費者庁だけが行う権限を持っていました。しかし、消費者庁のみでは、不当表示の判断等について限界があること、および、より地方主導で措置命令が行われることが適切である場合もあります。そこで、措置命令を行う権限が、関係省庁や都道府県知事に対しても付与されています。

8 課徴金制度について知っておこう

不当表示に対する経済的な制裁制度

● 課徴金制度とは

　平成26年には、景品表示法が6月・11月の二度にわたって改正され、11月の改正において課徴金制度が導入されました。不当表示を行い景品表示法に違反する事業者に対して、課徴金の納付が命ぜられる（課徴金納付命令）ことになりました。なお、課徴金制度の対象となるのは、後述するように、一定の不当表示が行われた場合に限られており、過大な景品類の提供は課徴金制度の対象外となっています。また、措置命令とは異なり、都道府県知事には課徴金納付命令をする権限がありません。課徴金制度は平成28年4月から施行されています。

　これまで、不当表示等に対する強制的な措置としては、消費者庁を中心に、違反行為の差止めや再発防止のための措置を求める行政処分である措置命令が行われるのみでした。ところが、大規模な事業者による食品偽装事例が相次ぎ、消費者の利益が侵害される程度が著しいことから、より積極的に不当表示等に対する対策が必要になっています。そこで、課徴金制度が新たに加わることで、不当表示の歯止めになることが期待されています。なぜなら、課される課徴金の金額によっては、事業者の経営を圧迫する可能性がある等、事業者に与える影響が大きいため、事業者が自主的に不当表示等を是正する効果を期待することができるからです。

　では、どんな場合に課徴金が課されるのでしょうか。景品表示法が規制する不当表示には、①優良誤認表示、②有利誤認表示、③その他誤認されるおそれがあるとして指定される不当表示の3種類があります。優良誤認表示は、商品やサービスの品質・規格などが著しく優良

であると誤認させるような表示をいいます。有利誤認表示とは、商品やサービスの価格などの取引条件が著しく有利であると誤認させるような表示を指します。その他誤認されるおそれのある表示は、内閣総理大臣が一般消費者に誤認されるおそれがあるとして、特に指定する不当表示をいいます。

これらのうち、課徴金制度の対象になる不当表示は、①優良誤認表示が行われた場合と②有利誤認表示が行われた場合に限定されています。

また、消費者庁が、事業者が提供する商品等の内容について、優良誤認表示に該当するかどうかを判断するために必要があると考える場合に、事業者に対して、優良誤認表示にあたらないことについて合理的な根拠資料の提出を求めることができます。この場合、事業者がそのような資料を提出できないときには、実際には商品等に関する優良誤認表示が存在しない場合であっても、その表示が優良誤認表示に該当すると推定され、課徴金が課せられる対象になります。

もっとも、事業者が課徴金を課されるのは、事業者が景表法が定める課徴金対象行為をしたということを知らず、かつ、知らないことについて「相当の注意を怠った者」でなければなりません（主観的要件）。

たとえば、事業者が、「公正競争規約に沿った表示である」というように、優良誤認表示や有利誤認表示にあたらないというような内容の表示を行っている場合には、課徴金の納付が命じられることはありません。そして、課徴金対象行為にあたると知らないことについて「相当の注意を怠った者」ではないと認められるか否かについては、事業者が課徴金対象行為にあたり得る表示を行う際に、その表示の根拠となる情報を確認するなど、一般的な商慣習に照らして必要な注意を尽くしているか否かによって判断されます。

● 課徴金額の決定

以上の要件を満たしたときに、消費者庁は、事業者に対して課徴金

納付命令を行います。このとき、納付を命じる課徴金の金額は、次のような基準で決定されます。課徴金が課せられる基礎になる、不当表示の期間に関しては、原則として、対象になる不当表示を行った期間、および、当該表示を止めてから6か月以内の取引が対象期間になります。もっとも、対象期間からさかのぼって3年を超える場合には、3年間が対象期間になると規定されていますので、3年を超える期間が計算対象になることはありません。

また、課徴金額は、対象になる不当表示の影響を受けて、事業者が得た売上額の3％になります。具体的には、前述の課徴金対象期間に当該不当表示を行った商品・サービス等の売上金額の3％が課徴金として課されることになります。

● 課徴金が減額される場合もある

事業者が、課徴金制度の対象になる不当表示について、違反行為を行ったことを自主申告した場合には、課徴金額が減額される制度が設けられています。具体的に減額される金額は、課される課徴金の2分の1の金額です。また、事業者が、顧客に対して不当表示により得た利益について、自主的に返金を行った場合には、その返金額に応じて課徴金の減額または免除を受けることも可能です。

■ 課徴金納付命令の流れ

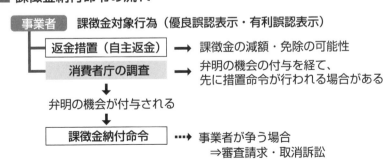

Q 業界の事業者や事業者団体が作成している公正競争規約とはどんなものなのでしょうか。

A 景表法31条は、「協定または規約」について規定しています。これは、業界の事業者や事業者団体が、誇大な広告表示や過大な景品提供を防止し、こうした活動を適正に行うために定めた自主規制ルールのことで、「公正競争規約」と呼ばれ、景表法上の重要な柱となっています。

公正競争規約は、事業者や事業者団体が、景品類や表示に関して消費者庁長官および公正取引委員会の認定を受けて、不当な顧客誘引を防止して、一般消費者による自主的・合理的な商品・サービスの選択および事業者間の公正な競争を確保するために締結するものです。また、この公正競争規約を運用するのが公正取引協議会です。認定を受ける上で、事業者や事業者団体が満たすべき要件は4つあります。それは、①不当な顧客の誘引を防止して、一般消費者の自主的・合理的な選択を確保し、事業者間の公正な競争が確保されていること、②一般消費者等の利益を不当に害しないこと、③不当に差別的ではないこと、④公正競争規約への参加・脱退について不当に制限がないことです。

なお、公正競争規約のポイントは、次の3つです。
・事業者団体などが自主的に定める業界ルール
・景品類の提供制限や広告・表示の適正化を目的とする
・ルールの設定・変更は、消費者庁長官および公正取引委員会の認定を受けなければならない

規約に参加している事業者や事業者団体が公正競争規約に違反した場合は、公正取引協議会が調査を行い、規約に従って、警告・違約金・除名などの措置が行われることになります。なお、公正競争規約に基づいて適切な措置がとられれば、景表法に基づく措置はとらないという運用も行われています。

9 不当な表示を行うとどんな問題が生じるのか

対応を誤れば企業存続の危機を招く

● 問題が起こった場合の社会的影響は大きい

　企業が消費者の信用を大きく失うものとして、「不当表示」「偽装表示」がその対象となることが多いといえます。消費者の権利意識が高まり、社会的に消費者の利益保護を重要視する流れの中で、2009年に、消費者庁が誕生することになり、景表法も改正されました。企業が行った「不当表示」事件に対しては、マスメディアもきわめて強い関心を示します。いったん事件が発覚すると、その追及は厳しく企業自身の存続の危機にさらされるといっても過言ではありません。

　2002年に起きた雪印食品による「牛肉偽装事件」は、その象徴的な事件です。これは、安価なオーストラリア産牛肉を国産牛と偽って申請し、国の交付金を不正に受給したものでした。その2年前の2000年に、親会社である雪印乳業が、牛乳集団食中毒事件を起こし、会社としての対応が致命的に遅れたため、最終的には1万3000名を超える被害者が発生することになりました。そのため、マスメディアも、この雪印食品の不祥事への指弾を緩めることなく、事件顕在化の3か月後に、雪印食品は解散に追い込まれることになりました。

　また、2016年には、三菱自動車が販売する自動車の燃費試験データに不正（データ改ざん）があることが明らかになりました。三菱自動車は、2000年に大規模なリコール隠し事件を引き起こしており、さらに2004年にもトラック・バス部門である三菱ふそうがリコール隠しをしていたことが発覚していました。消費者の信頼を大きく揺るがせていたところに、さらなる過ちを犯したことになります。三菱自動車は、過去10年間に販売した自動車について、燃費を実際よりもより良く見

せる不当表示行為を行っていたことを認めており、平成29年1月に措置命令および課徴金納付命令を受けました。現在、再発防止策への取り組みや消費者への賠償の対応に奔走しています。また、著しく低下した三菱自動車のブランドと信用の回復を図るために、日産自動車の傘下に入り、資本提携を受けることも発表されています。

「不当表示」事件は、企業が廃業まで追い込まれるのはまれだとしても、このように、いったん発覚すると社会の信用・信頼を取り戻すのが非常に難しくなります。

雪印食品の場合は、刑法の詐欺罪での立件だったように、「不当表示」は必ずしも、景表法上の問題としてだけ扱われるわけではありませんが、景表法が「不当表示」問題を考える際の最も重要で最も基本的な法律であることは、あえて指摘するまでもないでしょう。

● 実際に問題が起きた場合にはどうする

消費者庁・公正取引委員会の調査が入り、自社の商品・サービスに景表法の疑いがあるとされた場合には、企業の危機だと認識しなければなりません。直ちに、調査を始め、早急に景表法違反の事実があったかどうかについて、明確な結論を出す必要があります。また、調査に時間がかかるようであれば、暫定的な処理として、景表法に違反しているおそれのある行為などを中止しなければなりません。

事件発覚時にどう対応したかが、社会的な非難を拡大させるかどうかに大きな影響を与えます。不当表示（不当景品）案件が発生した場合の、行うべき対応の一般的な流れを見ておきましょう。

① 事件発覚
② 調査・原因の究明
③ 対応方針の検討、決定
④ 対応体制の確立
⑤ 公式見解の検討、作成

⑥　対策の実施
⑦　信頼回復策の企画、実施
⑧　長期的企業イメージ回復策の検討、着手（実施）

　以上が、不当表示事件が発覚した際、即時にとるべき対応策です。
　次に、⑥の「対策の実施」について、具体的な対策を見ていきます。実施を検討すべき具体的な対策には、以下のものがあります。

・マスメディア対策
　マスメディア対応の一元化・プレスリリース作成・記者会見（記者発表）・報道の分析など
・消費者対策
　広告（広告物）の中止（回収）・ホームページなどの当該表示の削除・謹告（お詫び広告）
・商品の回収
　回収窓口設置・対応マニュアルの作成・対応要員の配置（訓練）
・官公庁対策
　調査対応・状況説明（報告）
・取引先対策
　状況説明（報告）・社名での文書配布
・消費者団体対策
　状況説明（報告）
・業界（団体）対策
　状況説明（報告）
・社内対策
　トップからのメッセージ（文書）

　繰り返しになりますが、商品（サービス）上の不当表示などの不祥事については、最低限、以上の対策を適切に、しかも最大限のスピー

ドをもって実施しなければなりません。その場になってあわてないように、平常時から、リスクへの対応体制を作っておく必要があるといえるでしょう。

● どんな場合に違反が発覚するのか

不当表示などの景表法違反が判明する端緒には、大きく分けて、次の2つが考えられます。

> ① 内部通報や、内部監査などの社内調査の過程から発覚するなど企業自身の内部から発覚するケース
> ② 消費者庁、公正取引委員会や都道府県などの行政機関、およびマスメディアなど外部から発覚するケース

外部から発覚したという場合でも、その元をたどれば、企業内の人間が、外部である監督官庁やマスメディアに告発したものが多いと予想されます。実際、近年起こった多くの不当表示事件を含む「不祥事」の大部分は、企業内の者が「内部告発」したことによって発覚したものだと言われています。

特に、告発者を保護する目的で制定された「公益通報者保護法」が2004年に施行されてからは、その傾向はいっそう強くなっています。

2014年度から2016年度における、消費者庁（公正取引委員会）にもたらされた情報提供の数は次の通りです。括弧内の数字は、景表法違反被疑事件として処理された件数です。こうした統計による数字からも、外部からの情報提供が増加傾向にあることを読み取ることができます。

・2014年度：6336件（289件）
・2015年度：9667件（301件）
・2016年度：7906件（310件）

10 企業はどのように対応したらよいのか

日頃から対応方法を知り、対策を講じる

● 調査の対象にされたら

　消費者庁は、調査の必要があると認めたときには、違反が疑われる事実が存在するかどうかの調査を行います。こうした調査は、通常、行政庁では、相手方が協力してくれる場合は、任意的に進め、多くの事件もこのやり方で処理されています。しかし、違反事件の調査では、相手方の充分な協力が期待できないことが多いので、景表法では、違反行為があるとき、必要な措置を命じることができるようにするために、消費者庁（委任を受けている公正取引委員会や都道府県知事を含む）に次の権限が与えられています。

・事件関係者から報告させること（報告の徴収）
・帳簿書類その他の物件の提出を命じること
・事件関係者の事務所・事業所など必要な場所に立ち入り、帳簿書類などの物件を検査し、関係者に質問すること（立入調査）

　この調査を拒否・妨害などをした者には、1年以下の懲役または300万円以下の罰金が科せられます。また、以上の要件を満たしたときに、消費者庁は、事業者に対して課徴金納付命令を行います。このとき、納付を命じる課徴金の金額は、次のような基準で決定されます。
　まず、景表法に基づく調査は、相手方が従わない場合には、罰則によって間接的に履行を担保されることになっています。
　消費者庁などの調査対象とされた場合には、直ちに対応策を取る必要があります。危機管理委員会などの組織がすでに社内に設置されていれば、その組織を中心に対応を開始すべきでしょう。そうした組織が整備されていない場合には、社長をトップに据えたプロジェクトチー

ムを立ち上げることが望ましいでしょう。提出資料・回答内容によっては、詐欺罪・不正競争防止法違反などの証拠とされる可能性もあるので、対応については弁護士のアドバイスを得ながら行う必要があります。

● 不実証広告規則の資料の提出を求められたら

消費者庁長官は、優良誤認表示に該当するか否かを判断する必要がある場合には、期間を定めて、事業者に対して表示の裏付けとなる合理的な根拠を示す資料の提出を求めることができます。

① 期限の厳守

景表法7条2項に基づき求められる措置命令に係る資料の提出期限は、前述した通り、資料提出を求める文書が送達された日から15日後です。時間はきわめて限られています。そのような資料が事前に準備できていない場合には、即座に準備を開始しなければなりません。

提出期限の延長は、自然災害など不可抗力以外は認められないと考えておいた方がよいでしょう。また、期限内に提出できる資料だけを期限内に出し、期限後に追加資料を出すというやり方も理屈の上ではあるでしょう。しかし、消費者庁は、たとえ期限後に提出した資料が合理的なものであっても、措置命令の執行は免れない、という姿勢を保っています。したがって、期限内にできる限りの資料を提出するべく最大限の力を注ぐことが大事だといえます。

② 資料内容

景表法7条2項に関しては、「不当景品類及び不当表示防止法第7条第2項の運用指針」というガイドラインが作られています。したがって、求められている資料は、このガイドラインに示された次の2つの要件を満たすものでなければなりません。

・提出資料が客観的に実証された内容のものであること
・表示された効果・性能と提出資料によって実証された内容が適切に対応していること

まず、「客観的に実証された内容のもの」とは、次のどちらかに該当するものとされています。
・試験・調査によって得られた結果
・専門家・専門家団体・専門機関の見解または学術文献

さらに、ガイドラインでは、これら試験・調査および専門家などの見解・学術文献のそれぞれについて、厳しい基準を設けていますので、一度、目を通しておく必要があるでしょう。

次に、「表示された効果・性能と提出資料によって実証された内容が適切に対応していること」とは、資料それ自体が客観的に実証されたものであることに加え、「表示された効果・性能」が資料によって実証された内容と適切に対応していなければならない、ということを意味します。ガイドラインでは、次のようなケースを挙げて、適切に対応していない例について説明しています。

・99％の紫外線をカットすると表示するUV素材を使用した衣料について、事業者から、UV素材の紫外線遮断効果についての学術文献が提出された。しかし、この学術文献は、UV素材が紫外線を50％遮断することを確認したものにすぎず、紫外線を99％遮断することまで実証するものではなかった。したがって、表示された効果・性能と提出資料によって実証された内容が適切に対応しているとはいえず、提出資料は表示の裏付けとなる合理的な根拠を示すものとは認められない。

事件対応の点で特に考慮しなければならないのは、不当表示などの景表法違反の疑いで消費者庁から資料の提出を求められた場合（不実証広告規制）に、提出期限は15日後であるため、資料提出までの時間的猶予があまりないという点です。

しかも、提出が要求されている資料の内容は、「合理的な根拠」を

示すことができるような、客観的に実証された内容でなければなりません。仮に資料の提出が求められた場合、期限内に、必要な調査・試験を行い結果を得ること、あるいは専門家などから見解をもらった上で、求められている水準を満たした資料を揃えることは、きわめて難しいといえます。そのため、実際には不当表示とはいえない場合であっても、企業が求められた資料を期限内に提出できないときには、当該表示は不当表示とみなされ、措置命令が発令され、企業活動に多大な打撃を与えるおそれがあります。

　そこで企業側としては、違反していないことを説明できる資料を、常日頃から、さらに言えば、商品（サービス）開発の段階から準備しておくことが望ましいといえるでしょう。

● 措置命令への対応や指示に至らない行政指導

　景表法に違反する行為があると認定した場合であっても、消費者庁が必ずしも「措置命令」を発令するとは限りません。景表法に違反するおそれのある行為を行った事業者に対しては、「指導および助言」が行政指導として行われる場合もあります。行政指導は法的効力を有するものではありませんが、マスメディアなどで報道されることも考慮の上、真摯に対応することが望まれます。ただし、行政指導そのものが不当なものであれば、行政指導の趣旨などを記載した書面の交付を求め、その不当性をあくまでも立証していく必要があるでしょう。

　最近の措置命令においては、景表法違反事業者に対しては、ほとんどの場合、次の３つの事項が命じられています。

① **表示が、優良誤認表示・有利誤認表示に該当するものであることを一般消費者へ周知徹底すること**

　この周知徹底の方法は、具体的には、不当表示が行われた地域で発行されている新聞に広告を掲載することによって行うことになります。また、掲載が終わったのであれば、速やかに消費者庁長官に書面で報

告を行うことも、通例、命令に盛り込まれています。

②　**再発防止策を講じて、役員・従業員に周知徹底すること**

具体的に再発防止策の内容がいかなるものであるかについては、消費者庁からは明示されないことがほとんどですが、明示された場合にはそれに従うことになります。内容が明示されないときは、過去の事例を参考にすれば、次のようなものが考えられます。

・調査委員会の設置
・社長をトップとするコンプライアンス委員会などの設置
・広告・表示に関する責任者の設置
・コンプライアンス・広告・表示に関する社内規定の整備
・コンプライアンス・広告・表示に関する研修の実施・充実
・コンプライアンス・広告・表示を監視・監査する組織の設置
・内部通報制度の整備

なお、特に、景表法違反に社長・取締役などが直接絡んでいたり、会社ぐるみであることが疑われる場合には、中立性確保のために、弁護士などの外部の第三者を交えた調査委員会を発足させて調査を行うことが望ましいでしょう。

③　**今後、同様の表示を行わないこと**

当然のことですが、違反行為が続いている場合には、直ちにやめな

■ **問題が起こる前の予防と対策**

| 事前の対策 | ← | ・平常時からリスク管理体制を整えておく
・通報の受付窓口の設置など、内部告発対策を整える
・違法でないことを根拠付ける資料を商品・サービス開発の段階から準備しておく |

景品表示法違反行為の発覚

| 事後の対策 | ← | 信頼回復のための措置の実施　など |

ければなりません。具体的な対策については、広告の中止・広告物の回収・ホームページなどの当該表示の削除、そして場合によっては商品の回収まで行う必要があるでしょう。

● 措置命令に不服がある場合

措置命令に不服がある場合、措置命令に対する不服申立てとして、まず行政不服審査法に基づき消費者庁長官を相手に「審査請求」を行うことが挙げられます。審査請求は正当な理由がある場合を除いては、原則として、措置命令を受けたことを知った日の翌日から起算して3か月以内に請求をしなければなりません。審査請求は、行政庁(消費者庁長官)自身に対して、行った違法・不当な措置命令を再考する余地を与える制度ですので、事業者にとって利用しやすい制度です。

審査請求によっても救済されない事業者としては、不服を訴える手段として行政事件訴訟法に基づく「取消訴訟」を提起することが可能です。審査請求に関する裁決に不服がある事業者は、正当な理由がある場合を除き、審査請求に関する裁決を受けたことを知った日から6か月以内に、地方裁判所に対して取消訴訟を提起しなければなりません。なお、取消訴訟は、審査請求を経ずに直接提起することも可能ですが、その場合は、原則として措置命令があったことを知った日から6か月以内に、措置命令の取消しの訴えを提起しなければなりません。

訴訟を提起する地方裁判所は、原則として「東京地方裁判所」または「事業者の所在地を管轄する高等裁判所の所在地を管轄する地方裁判所」です。たとえば、事業者が沖縄県所在の場合は、東京地方裁判所または福岡地方裁判所に取消訴訟を提起することができます。

● 消費者団体訴訟への対応について

消費者契約法により認定を受けた「適格消費者団体」は、不当表示のうちの優良誤認表示・有利誤認表示(「指定表示」は対象外)の差

止めなどを請求する訴訟（消費者団体訴訟）を提起することができます。ただし、消費者団体訴訟を提起するときは、被告となるべき事業者に対し、あらかじめ、請求の要旨・紛争の要点などを記載した書面により差止請求をしなければなりません。その上、その事業者が差止請求を拒んだ場合を除き、その書面が到達した時から1週間を経過した後でなければ、消費者団体訴訟を提起することができません。

したがって、消費者団体訴訟は、ある日突然提起されるということはなく、必ず事前の動きがあります。事前の交渉段階で、消費者団体の指摘が当然である場合はそれを受け入れ、事業者自ら表示の中止を申し出ることにより交渉が妥結することもあります。また、交渉が妥結にまで至らなかった場合でも、表示の中止に適切に踏み切ることによって、消費者団体の請求が裁判所に認められる要件である「現に行いまたはおそれがある」状態を解消することにつながる可能性もあります。冷静に対応することが大事だといえるでしょう。

なお、消費者団体は事業者との交渉過程をこと細かく、自らのホームページなどで公表することが多いので、そのことを留意の上、交渉に臨むことも必要です。

■ 措置命令への対策

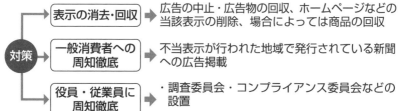

Column

消費者団体訴訟制度

　消費者団体訴訟制度は、内閣総理大臣の認定を受けた消費者団体（適格消費者団体）に事業者の不当な行為に対する差止請求権を認めるという制度です。消費者契約法関連のトラブルだけでなく、特定商取引法や景品表示法をめぐるトラブルも対象に含まれます。つまり、適格消費者団体は、消費者契約法だけでなく、特定商取引法や景品表示法上の不当な行為についても差止請求を行うことができます。差止請求の対象となる行為とは、事業者が真実でないことを述べて勧誘した場合や消費者にとって不利益になる事実を伝えていなかったような場合です。契約書に事業者の損害賠償責任を免除する条項や消費者を一方的に不利にする条項など、消費者契約法に反する規定が置かれていた場合も差止請求の対象になります。このような事態が明らかとなった場合に、適格消費者団体は、事業者に対し、当該不当勧誘行為をやめるように求める、当該不当条項を規定した契約を締結しないように求める（停止・予防）、事業者が作成した従業員向けの勧誘マニュアルなどの廃棄を求める（停止・予防に必要な措置）といった内容の請求をすることができます。

　ただ、消費者団体訴訟制度では、差止請求ができるだけで、違法行為を行った事業者に対して損害賠償請求をすることはできないという問題があったため、消費者の財産上の被害救済を図る制度として平成25年に消費者裁判手続特例法が制定されています。適格消費者団体の中から認定された特定適格消費者団体が消費者被害回復のための訴訟手続きを提起します。手続きの流れは、「事業者に金銭支払いの義務があるかどうか」という点を確認する共通義務確認の訴えと消費者側の請求が認容された（あるいは和解した）場合にする簡易確定手続きの2段階構造になっています。

第7章

下請法のしくみ

1 下請法について知っておこう

立場の弱い企業を守る法律である

● なぜ制定されたのか

　下請法（下請代金支払遅延等防止法）は、大企業と取引をした中小企業や個人事業者が、大企業から不当な要求をされることを防ぐ目的で制定された法律です。中小企業や個人事業主は、大企業が重要な取引先となっているケースが多いので、大企業との関係が悪化すると事業活動が立ち行かなくなってしまいます。そのため、大企業から不当な要求をされたとしても、その要求をのまざるを得ない立場にあります。

　そこで、中小企業や個人事業者を大企業からの不当な要求から守るために、下請法が制定されました。

● どんな法律なのか

　下請法は、規模の大きな企業を「親事業者」、規模の小さい企業や個人事業者を「下請事業者」と定義した上で、親事業者と下請事業者との間で請負契約を締結する際に、親事業者が下請事業者に対して不当な要求をすることを禁止しています。

　どちらが親事業者または下請事業者となるかについては、相対的な関係で決まります。たとえば、資本金が3億円を超える事業者が親事業者になり資本金3億円以下の事業者が下請事業者になる場合、資本金が1000万円を超え3億円以下の事業者が親事業者になり資本金1000万円以下の事業者が下請事業者になる場合といったように、事業者の資本金の規模に応じた規制が行われています（200ページ）。

● 独占禁止法との関係は

下請法で禁止されている行為の多くは、独占禁止法の優越的地位の濫用の規定によっても禁止されている行為です。

たとえば、大企業が元請になり中小企業が下請となった場合に、大企業が下請に支払う代金を不当に減額することは優越的地位の濫用（76ページ）に該当します。大企業が、自分の立場が強いことを利用して、中小企業に対して無理な要求をしているので、優越的地位の濫用として独占禁止法によって規制されています。

しかし、優越的地位の濫用に関する規定は抽象的であって、どのような行為が優越的地位の濫用に該当するのかわかりにくいという欠点があります。これに対して、下請法では、元請から下請に対するどのような要求が禁止されるのかについて具体的に示されています。

● どんな場合に適用されるのか

下請法が適用される取引は、「製造委託」「修理委託」「情報成果物の作成委託」「役務の提供委託」の4種類に大別されています。

そして、これらの委託に関する契約が、規模が大きい企業を注文者、規模が小さい企業を請負人として締結される場合に、下請法が適用されます。

■ 下請法の全体像

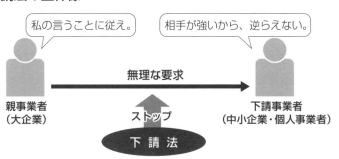

2 どんな取引が対象になるのか

会社の資本金によって対象が変わる

● 適用対象になる取引は4類型ある

　下請法の適用を受ける取引は、製造委託、修理委託、情報成果物の作成委託、役務の提供委託の4種類です。

　製造委託契約とは、ある事業者が他の事業者に対して、製品の規格、形状、デザイン等を指定して、物品（動産を指します）の製造を委託する契約のことをいいます。物品を販売している事業者が他の事業者に対して物品の製造を委託したり、物品の製造をしている事業者が他の事業者に委託をすることが製造委託契約に該当します。

　この他にも、自社で修理している機械の修理に必要な部品の一部の製造を他の事業者に委託することや、自社の工場で使用する機械の製造を他の事業者に委託することも製造委託契約に該当します。

　修理委託とは、事業者が業務として請け負う物品の修理を他の事業者に委託することをいいます。たとえば、物品の修理を請け負った事業者が修理の一部を他の事業者に委託したり、自社の工場で使用する物品の修理を業務として行っている場合に、その修理の一部を他の事業者に委託することが修理委託に該当します。

　情報成果物の作成委託とは、情報成果物（映像、デザイン、ソフトウェアなど）の提供・作成を行う事業者が、その情報成果物の作成を他の事業者に委託することをいいます。たとえば、テレビのコマーシャルを製作する広告会社が、コマーシャルの一部の製作を他の事業者に委託することが情報成果物の作成委託に該当します。

　役務の提供委託とは、事業者が業務として行っている役務提供の一部を他の事業者に委託することをいいます。たとえば、ビルのメンテ

ナンスを行っている会社が、メンテナンスに必要な作業の一部を他の会社に委託することが役務の提供委託に該当します。

なお、建設業を営む業者（建設業者）が業務として請け負う建設工事に対して下請法は適用されず、建設業法が適用されます。

● 規制対象になる親事業者と保護される下請事業者

製造委託契約・修理委託契約を締結しているか、または情報成果物の作成委託契約・役務の提供契約を締結しているかによって、原則として規制対象となる親事業者と保護される下請事業者の範囲が異なってきます。

まず、①製造委託・修理委託及び政令で定める情報成果物の作成委託・役務の提供委託を行う場合について説明します。資本金の総額が3億円を超える事業者が、資本金が3億円以下の事業者に対して①の委託をする場合に、前者の事業者が親事業者として規制され、後者の事業者が下請事業者として保護されます。

また、資本金の総額が1000万円を超えて3億円以下の事業者が、資

■ 対象となる4つの取引

① 製造委託	製品の規格やデザイン等を指定して物品を製造することを他の事業者に委託すること
② 修理委託	物品の修理を他の事業者に委託すること
③ 情報成果物の作成委託	映像やデザインなどの情報成果物の作成を他の事業者に委託すること
④ 役務の提供委託	役務の一部を他の事業者に委託すること

建設業者による建設工事は対象にならない

本金が1000万円以下の事業者に対して①の委託をする場合に、前者の事業者が親事業者として規制され、後者の事業者が下請事業者として保護されます。

次に、②情報成果物の作成委託・役務の提供委託（①の政令で定めるものを除く）を行う場合について説明します。資本金が5000万円を超える事業者が、資本金が5000万円以下の事業者に対して②の委託をする場合に、前者の事業者が親事業者として規制され、後者の事業者が下請事業者として保護されます。

資本金の額が1000万円を超え5000万円以下の事業者が、資本金が1000万円以下の事業者に対して②の委託をする場合には、前者の事業者が親事業者として規制され、後者の事業者が下請事業者として保護されます。

なお、業務の執行について親事業者である会社Aから支配を受けている会社Bが、会社Aから請け負った事業を別の会社Cに再委託する場合には、会社Bは親事業者（みなし親事業者）であるとみなされます。これをトンネル会社規制と呼ぶことがあります。規模の小さい会社Bを通して会社Cに委託することで、下請法の適用を免れることを防ぐために、会社Bを親事業者であるとみなすことにしているのです。

■ **下請法の親事業者、下請事業者と扱われる場合**

対象となる取引	親事業者	下請事業者
物品の製造・修理委託及び政令で定める情報成果物・役務提供委託を行う場合	資本金3億円超 →	資本金3億円以下
	資本金1000万超3億円以下 →	資本金1000万円以下
上記の情報成果物・役務提供委託を除く情報成果物作成・役務提供委託を行う場合	資本金5000万円超 →	資本金5000万円以下
	資本金1000万円超5000万円以下 →	資本金1000万円以下

※下請事業者には個人事業者（個人として業務を行う者）を含む

3 親事業者にはどんな義務があるのか

書面を作成する義務もある

● どんな義務が課されているのか

　下請事業者が親事業者による行為により不当な不利益を受けないように、親事業者に対してはさまざまな義務が課せられています。

　具体的には、契約内容等を記載した、①書面の交付義務、②下請代金の支払期日を定める義務、③書類を作成・保存する義務、④遅延利息の支払義務があります。以下の項目では、親事業者が負っている義務の内容について、見ていきます。

① 書面の交付義務

　親事業者には、下請事業者に対して発注する際には、下請事業者の給付の内容、下請代金の額、下請代金の支払期日・支払方法など、契約内容を記載した書面（3条書面）を交付する義務があります。

　契約は口約束でも成立します。親事業者と下請事業者の請負契約であっても、口約束があれば契約が成立することは変わりがありません。

　しかし、契約の内容があいまいであるために後日に紛争になった場合には、親事業者と比べて立場が弱い下請事業者が、親事業者の主張を受け入れざるを得なくなります。契約の内容をあいまいにしないために、親事業者には契約内容を記載した3条書面を、発注のたびに、直ちに下請事業者に交付する義務が課せられています。

　ただし、継続的に取引を行っており、個々の取引の条件が変化しない場合には、最初に交付した書面に必要記載事項がすべて網羅されていれば、最初に書面による通知をすることで、3条書面の交付と評価でき、個々の取引において詳細な取引内容を記載した書面を交付することは不要になります。

② 下請代金の支払期日を定める義務

　親事業者には下請代金の支払期日を定める義務があります。この期日は、下請事業者から給付や役務の提供を受けた日から起算して60日以内で定める義務があります。初日を含めて60日以内であるのがポイントです。下請事業者にとって、下請代金を確実に受け取れるかどうかは重要な関心事です。また、下請代金の支払いが先延ばしになると、下請事業者の経営が苦しくなります。そのため、親事業者に対し下請代金の支払期日を定める義務を課し、この期日は下請事業者から給付や役務の提供を受けた日から起算して60日以内としました。

　下請代金の支払期日を定めなかった場合には、下請業者が役務の提供をした日か、親事業者が下請事業者から製作物の給付を受けた日が支払期日になります。

　また、給付や役務の提供を受けた日から起算して60日が経過した以降の日を支払期日と定めた場合には、60日目が支払期日になります。さらに、給付を受けた内容を後日に検査する場合でも、あくまで給付を受けた日から起算して60日以内が支払期日となる点に注意が必要です。

③ 書類の作成や保存義務

　親事業者は、下請事業者と製造委託等（製造委託、修理委託、情報成果物の作成委託、役務の提供委託）の契約を締結した場合に、下請事業者が親事業者に給付した物品や、下請代金の額等を記載した書類（5条書類）を作成し、2年間保存する義務があります。

　下請業者との取引でトラブルが生じることを防止し、公正取引委員会による親事業者への監督を適正に行うために、親事業者には5条書類の作成及び保存が義務付けられています。

　5条書類には、下請事業者ごとに、下請事業者の名称、製造委託等をした日、下請事業者の給付や役務の提供の内容（役務提供委託では役務の提供の内容）、下請事業者からの給付を受領した日（役務提供委託では役務が提供される期日・期間）、下請事業者に支払った代金

の額などを記載します。5条書類の作成・保存を怠った場合には、50万円以下の罰金が科されます。

④ 遅延利息の支払義務

下請代金の支払遅延があった場合には、親事業者は下請事業者に対して、下請事業者からの給付等があった日から起算して60日が経過した日から、年14.6%の遅延利息を支払う必要があります。

たとえば、親事業者が下請事業者に製品の製造を委託していた場合には、下請事業者からその製品を受け取ってから60日を経過した日から、親事業者は下請代金に年14.6%の遅延利息をつけて下請業者に代金の支払いをしなければなりません。

ただし、年14.6%という遅延利息は親事業者が受領をした日から起算して60日が経過しないと付されません。そのため、親事業者と下請事業者の間で「親事業者が製品を受け取った日から起算して20日以内に、親事業者から下請事業者に代金の支払いを行う」と契約していたとしても、年14.6%の遅延利息は親事業者が製品を受け取ってから60日を経過してからつきます。21日目から60日目までの間は、民事法定利率の年5%か、商事法定利率の年6%の割合で遅延利息がつきます。

なお、2017年6月公布の民法改正の施行時に（公布から3年以内に施行予定）、民事・商事ともに法定利率が年3%に統一されます（以後は3年毎に法定利率が変動します）。

■ 親事業者に課される義務

① 契約内容等を記載した書面を交付する	発注する際に交付するのが原則
② 下請代金の支払期日を定める	給付や役務提供の日から起算して60日以内
③ 書類を作成・保存する	怠った場合には50万円以下の罰金
④ 下請代金の遅延があった場合には、遅延利息を支払う	給付等の日から起算して60日が経過した日から年14.6%の遅延利息の支払義務が生じる

4 禁止行為や違反措置について知っておこう

親事業者の禁止行為として11項目が示されている

● 禁止行為は11項目ある

　下請法では、親事業者に対し11項目の行為を禁止しています。ここでは11項目の禁止行為について簡単に紹介していきます。

①　親事業者が下請業者に委託を行い、下請業者が親事業者に製品などの給付をした場合には、親事業者が下請事業者からの給付の受領を拒絶することは禁止されています（受領拒否の禁止）。

②　下請代金の支払いを遅延することは禁止されています（支払遅延の禁止）。親事業者は、下請事業者から給付を受領した日から起算して60日以内の支払期日に下請代金を全額支払う必要があります。

③　親事業者が、下請事業者に責任がないにもかかわらず、発注時に決められた代金を減額することは禁止されています（減額の禁止）。

④　下請事業者に責任がないにもかかわらず、親事業者が下請事業者から受け取った製品を返品することは禁止されています（返品の禁止）。不良品であることを理由に返品することは許されますが、下請事業者に責任がないにもかかわらず返品をすることはできません。

⑤　親事業者と下請事業者との間で下請代金を決定する際に、類似する契約と比べて著しく低い額を下請代金として決定することは禁止されています（買いたたきの禁止）。

⑥　親事業者は、正当な理由がある場合を除き、親事業者が指定する製品などを下請事業者に購入させたり、下請事業者にサービスを利用させて対価を支払うようにする旨を強制することはできません（購入・利用強制の禁止）。

⑦　親事業者が不当に下請代金の支払いを遅延したり、下請代金の減

額を行い、その事実を下請事業者が公正取引委員会や中小企業庁に報告した場合に、親事業者が下請事業者に報復としてその下請事業者との取引を停止したり、取引数量を削減するなどの不利益な取扱いをすることは禁止されています（報復措置の禁止）。
⑧　親事業者が製品の部品を下請事業者に有償で提供し、この部品をもとに下請事業者が商品の製造を行うような場合に、親事業者が下請事業者に下請代金を支払う前に、親事業者から下請業者に提供した部品の代金を支払わせることは禁止されています（早期決済の禁止）。
⑨　親事業者が下請事業者に下請代金を支払う際に、金融機関での割引が困難な手形を用いて支払いをすることは禁止されています（割引困難な手形交付の禁止）。
⑩　親事業者が下請事業者に対して、金銭や役務など経済的な利益を不当に提供させることは禁止されています（不当な経済上の利益提供要請の禁止）。
⑪　親事業者が、下請事業者に責任がないにもかかわらず、親事業者自ら費用を負担することなく、下請事業者への発注内容を変更したり、製品等の受領後に下請事業者にやり直しをさせることは禁止されています（不当なやり直し等の禁止）。

■ **親事業者の禁止行為**

禁止行為	
①受領を拒否する行為	⑦報復措置をすること
②下請代金の支払を遅延すること	⑧有償で支給された原材料などを早期決済すること
③下請代金を減額すること	
④返品すること	⑨割引き困難な手形を交付すること
⑤買いたたきをすること	⑩不当な経済上の利益の提供の要請
⑥物の購入やサービスの利用の強制	⑪不当なやり直しなどを行わせること

5 受領拒否について知っておこう

所定の期日に受け取る必要がある

● 受領拒否とは

　下請事業者に責任がないにもかかわらず、親事業者が下請事業者からの給付を拒むことを受領拒否といいます。

　受領とは、親事業者が製品等の検査をするかどうかにかかわらず、下請事業者が給付した物を受け取ることをいいます。

　下請事業者は、親事業者から規格やデザイン等を指定されて製品の製造をしています。下請事業者が製品の給付をした際に親事業者に受領を拒まれてしまうと、その製品を他の企業に転売することができないので、下請事業者は不良在庫を抱えることになります。

　また、親事業者の倉庫が満杯でこれ以上商品が保管できないというような場合にも、親事業者による受領拒否が行われます。しかし、このような受領拒否は、親事業者の都合を一方的に下請事業者に押し付けるもので、下請事業者は不当な不利益を被ることになります。そのため、親事業者による受領拒否は、下請法によって禁止されています。

● 情報成果物などの受領について

　親事業者が下請事業者に製品の製造を委託した場合であれば、下請事業者から完成した製品の受け取ることが受領になります。これに対して、情報成果物の作成を委託した場合には、情報を記録した媒体を親事業者が受け取ったり、情報自体を親事業者が受け取ることで、受領が行われます。たとえば、情報を書き込んだUSBメモリーを親事業者が受け取ったり、インターネットを経由して情報が親事業者のもとに届くことで、情報成果物の受領が行われます。

● 「責に帰すべき理由」について

　親事業者が下請事業者からの給付の受領を拒否することは禁止されていますが、下請事業者に「責めに帰すべき理由」（落ち度）があれば、受領を拒否することが許されます。このときは、下請事業者に対し、民法に基づいて製品の修理や損害賠償を請求することも可能です。

　たとえば、下請事業者が事前に親事業者との間で合意していた規格とは異なる製品を製作したり、製品に欠陥がある場合には、下請事業者に落ち度があるので、親事業者は給付の受領を拒むことができます。

　しかし、下請事業者に「責めに帰すべき理由」があるかどうかの判断は厳格に行われるので、裁判所は、簡単には下請事業者に「責めに帰すべき理由」があるとの認定を行いません。たとえば、契約書や3条書面などの中に明確に記載されていない事柄について親事業者と下請事業者との間で争いになった場合には、親事業者による勝手な解釈を根拠にして受領を拒否することはできません。

● 無理に短縮した納期の設定

　親事業者が下請事業者に強要して、無理に短縮した納期を設定した場合には、納期に製品等を完成することができなかったとしても、親事業者は、納期に遅れて提供された製品等の受領を拒否することはできません。

■ 受領を拒むことができる場合とは

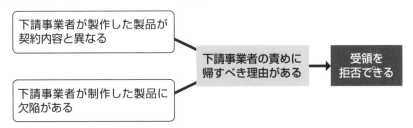

納期については、原則としては親事業者と下請事業者の合意によって自由に決めることができます。しかし、立場が弱い下請事業者は、親事業者の強硬な主張があった場合には、製品等の完成が困難であっても親事業者からが指定する納期で仕事を受けざるを得ません。

親事業者が無理に短縮した納期を設定して、下請事業者が納期に遅れて製品等を完成させたとしても、下請事業者に「責めに帰すべき理由」がないので、親事業者は下請事業者からの製品等の受領を拒むことはできません。

● 期日前の受領を親事業者は強制されない

下請事業者は、期日前に製品などが完成した場合、自社の倉庫を空けておきたいといった理由から、親事業者に対して期日前に製品を受領するよう要請することがあります。下請事業者としては、親事業者に期日前に受領してもらうことで、倉庫の中の物を減らし、スムーズに事業活動ができるようになります。

しかし、このような下請事業者の要請に対して、親事業者が応じる義務はありません。親事業者の倉庫が満杯の場合には、下請事業者から納入された商品を倉庫で保管することができず、親事業者が不利益を被ってしまいます。事前に設定した納入期日前であれば、親事業者は製品を受領しなくても下請法に違反しません。

下請事業者から、期日前に受領することを要請された場合に、親事業者が任意に下請事業者からの製品の給付を受領することはできます。

ただし、親事業者は、下請事業者から製品を受領する場合には、下請代金の支払期日に注意する必要があります。下請代金は、下請事業者から製品等を受領した日から起算して60日以内に支払う必要があります。そのため、事前に設定した納入期日より早く製品を受領することで、事前に設定した支払期日が製品受領の日から起算して60日を超えてしまう場合には、下請代金の支払期日が早まることになります。

このような場合に、下請代金の支払期日を事前に設定した日から変更したくない場合には、仮受領という方法を用いることができます。親事業者は仮受領ということで製品を受け取り、当初設定した納期まで製品を保管し、当初の納入期日に正式に製品を受領します。こうすれば、下請代金の支払期日を早める必要がなくなります。

● 発注の取消が受領拒否にあたることもある

下請事業者に「責に帰すべき事由」（落ち度）がないのに、親事業者が発注を取り消して、発注時に定められた納期に下請事業者の給付の全部又は一部を受け取らないことは、下請法によって禁止されている受領拒否に該当します。よって、下請事業者に落ち度がなければ、親事業者は発注を取り消して、納期に下請事業者から給付された製品等の受領を拒むことはできません。

たとえば、B社（親事業者）がA社（下請事業者）に製造を発注した部品について、発注書記載の契約内容をA社の落ち度がないのに取り消すことは、後述する不当な給付内容の変更（229ページ）に該当します。そして、その部品をA社が納入した場合に、B社がA社の落ち度がないのに受領を拒むことが受領拒否に該当します。

■ 期日前の製品等の受領

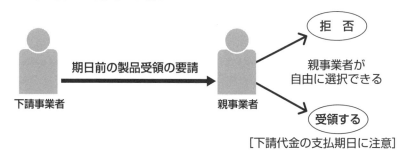

6 支払遅延について知っておこう

遅延利息を支払う必要がある

● どんな場合が考えられるのか

　親事業者が、下請事業者の都合を考えずに、下請代金の支払いを怠るケースが多々あります。

　下請事業者は、製品を親事業者に納入したら、早く下請代金を支払ってほしいと考えます。しかし、親事業者が下請代金の支払いを遅延したとしても、立場の弱い下請事業者は親事業者の支払の遅延を認めるしかありません。

　このように下請事業者が不利益を被ることを防ぐために、親事業者による支払遅延が禁止されています。

● 支払遅延の禁止とは

　親事業者は、下請事業者から製品等を受領した日から起算して60日以内に定める支払期日に下請代金を支払う必要があります。

　支払期日までに親事業者が下請事業者に代金を支払わなければ、下請事業者は資金繰りに窮してしまいます。そのため、親事業者による支払遅延は禁止されています。

● 支払期日は60日以内とする

　下請代金の支払期日は、親事業者が下請事業者から製品等を受領した日から起算して60日以内とする必要があります。

　本来であれば、代金の支払期日は親事業者と下請事業者の合意によって自由に決めることができます。しかし、下請代金の支払期日を相当に遠い未来の日とするという親事業者の意向があった場合、立場

の弱い下請事業者は、親事業者の意向を無視することはできません。もし、遠い将来の期日が下請代金の支払期日であるとされてしまうと、下請事業者の資金繰りに支障が出てしまう可能性があります。

そのため、下請代金の支払期日は、親事業者は下請事業者から製品等を受領した日から60日以内に設定する必要があります。親事業者と下請事業者との間で、製品等を受領した日から起算して60日を経過した以降の日を支払期日とするという合意がなされたとしても、支払期日は親事業者が製品を受領した日から起算して60日目になります。

● 60日以内に支払われない場合には

親事業者が、下請事業者から製品等を受領した日から起算して60日以内に下請代金を支払わなければ、60日を経過した日から年14.6％の遅延利息が付されます。

年14.6％の遅延利息がつく日と支払期日は別になります。たとえば、親事業者が下請事業者から製品等を受領した日から起算して40日目を下請代金の支払期日としたが、親事業者が下請代金の支払いを怠っている場合には、親事業者が下請事業者から製品を受け取って40日を経過した時点で支払期日が過ぎるので支払遅延となり、60日を経過した時点で年14.6％の遅延利息が付されます。41日目から60日目の間は、法定利率によって遅延利息が付されます（203ページ）。

■ 支払遅延についての規制

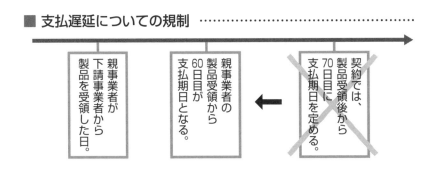

7 下請代金の減額は認められるのか

下請事業者の同意があっても減額してはいけない

● どんな場合を想定しているのか

　親事業者が、発注時に合意した下請代金を減額することは禁止されています。

　発注時には必要だった製品が、時間の経過とともに不要になってしまうというケースがあります。しかし、親事業者の都合によって下請代金が減額されてしまうと、下請事業者は不利益を被ってしまいます。下請代金の減額に応じたくない場合であっても、下請事業者は親事業者と比べて弱い地位にあるので、親事業者からの要求を受け入れざるを得ません。そのため、下請法では親事業者が発注時に合意した下請代金の額を減額することが、原則として禁止されています。

● 下請事業者の責に帰すべき場合とは

　親事業者は、「下請事業者の責に帰すべき理由」がある場合には、下請代金を減額することができるという例外があります。

　たとえば、下請事業者が製作した製品に欠陥があったり、決められた期日に製品が納入されなかった場合（納期遅れ）などは、下請事業者に「責に帰すべき事由」が認められ、親事業者は下請代金を減額することができます。このような場合には、下請事業者に落ち度があるのですから、下請代金を減額できずに親事業者が損害を被ってしまうのは不当だといえるからです。しかし、納期遅れであっても、親事業者からの原材料等の支給の遅れや、親事業者による無理な納期指定が原因であるときは、下請事業者の「責に帰すべき事由」にあたらないので、下請代金の減額は許されません。

● 代金額を減ずるとは

「代金額を減ずる」とは、当初契約していた下請代金の支払額を減少させることになるすべての親事業者の行為をいいます。

たとえば、下請事業者との合意がない状態で、下請事業者の口座に下請代金を支払う際に、振込手数料を差し引くことは下請代金の減額になります。また、消費税分を下請代金から差し引くことも、下請代金の減額になります。

さらに、下請代金の支払総額を変更しない場合でも、下請業者に製作させる製品の数量を増加させることも下請代金の減額になります。下請代金を減額しない場合であっても、下請事業者が製作する数量が増加すれば、下請事業者の負担は増加するため、実質的に見れば下請代金の支払額が減少することになるからです。

● 下請事業者の同意がある場合には減額ができるのか

下請事業者の同意があったとしても、下請法上、下請代金の減額は許されません。下請代金を減額することができるのは、前述した「下請事業者の責に帰すべき理由」がある場合だけです。

たとえば、親事業者が下請事業者に継続的に製品の製造を委託する関係にあり、親事業者と下請事業者との間の取引額が一定金額を超えたら下請事業者は親事業者に協賛金を支払うという内容の契約を締結し、下請代金から協賛金が差し引かれていたとすると、それは下請代

■ 下請代金の減額にあたる場合

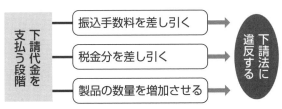

金の減額に該当します。下請事業者は協賛金を差し引くことについて同意していますが、下請事業者の同意とは関係なく親事業者による下請代金の減額は許されないことに注意が必要です。

　ただし、ボリュームディスカウント等の合理的な理由に基づく割戻金（下請事業者が親事業者に支払う金銭）については、下請事業者との合意があり、①その合意内容が書面化されており、②当該書面における記載と3条書面に記載されている下請代金の額と合わせて実際の下請代金の額とすることが合意されており、かつ③3条書面と割戻金の内容が記載されている書面との関連付けがなされている場合は、下請代金の減額にあたりません。前述の例では、親事業者が大量に製品の製造を委託することで、下請事業者が製品の製造コストを削減できるのであれば、下請事業者との間で合意し、この合意内容を書面化することで、コスト削減分を割戻金とすることが許されます。これにより、親事業者は下請代金から割戻金を相殺した残額を支払うことができるため、この場合は事実上の下請代金の減額が許されるといえます。

● 下請法に違反する場合の効力とは

　まず、下請事業者の同意を得ず、親事業者が一方的に行った下請代金の減額を行った場合には、下請事業者は減額された分の下請代金を親事業者に対して請求することができます。親事業者が製品を受領した日から起算して60日を超えている場合には、下請事業者は年14.6％の遅延利息も請求できます。

　一方、親事業者と下請事業者が合意をして下請代金を減額した場合、民法上は下請代金の減額幅があまりに大きく、公序良俗に反する場合に限りその合意が無効となり、下請事業者の親事業者に対する減額分の支払請求が可能になると考えられます。しかし、前述したように、下請事業者の帰責事由がある場合を除き、合意による下請代金の減額も下請法違反であって（213ページ）、下請事業者の親事業者に対する

減額分の支払請求が可能となるとともに、公正取引委員会の勧告の対象となります。よって、親事業者は合意の有無を問わず、下請代金の減額を行うべきではないといえます。

● たとえばどんな場合があるのか

下請代金の減額に該当するとして、下請法によって禁止される事例について紹介します。

たとえば、下請事業者の要請によって、手形ではなく現金での支払いに移行した場合に、手形期間の金利相当分を超える金額を差し引くことは、下請法によって禁止される下請代金の減額に該当します。

下請事業者に発注するにあたり、親事業者が子会社を介して下請業者に発注を行い、子会社を介していることの手数料を下請金額から差し引くことは、下請法によって禁止される下請代金の減額に該当します。

親事業者が自社の利益を確保する必要性があることを理由として、下請事業者に支払う下請金額を減少させることは、下請法によって禁止されています。

この他にも、下請代金の減額が下請法に違反するケースにはさまざまなものがあります。

■ 違反する場合の効力

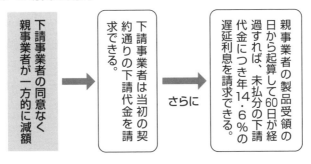

第7章 下請法のしくみ 215

8 返品の禁止について知っておこう

受領拒否とは異なっている

◉ どんな場合を想定しているのか

親事業者が、下請事業者から製品等の給付を受けた後に、下請事業者の責めに帰すべき理由（落ち度）がないにもかかわらず、製品などを返品することは禁止されています。

親事業者が下請事業者に委託して製作させた製品を、下請事業者が他の会社に転売することは難しいといえます。親事業者から下請事業者に返品が行われると、下請事業者は下請代金を手に入れることができず、製品の転売もできないために、大きな不利益を被ることになります。そのため、親事業者による下請事業者への製品の返品は、下請事業者に落ち度がある場合を除いて禁止されています。

◉ 返品が認められる場合とは

親事業者による下請事業者への返品が認められるのは、「下請事業者の責に帰すべき理由」がある場合のみです。

「下請事業者の責に帰すべき理由」がある場合とは、下請事業者の給付の内容が当初の契約書の中で明記された委託内容と異なる場合や、下請事業者が給付した製品に欠陥がある場合のことをいいます。このような事情があれば、下請事業者は当初の契約通りの履行をせず不良品を製造したことになり、下請事業者に契約上の責任を負わせるために返品をすることができます。

下請事業者の責めに帰すべき理由がないにもかかわらず、親事業者が返品を行い、親事業者に未払いの下請代金がある場合には、下請事業者は未払いの下請代金を請求することができます。

● 受領拒否の禁止とはどう違う

　返品の禁止は受領拒否の禁止は異なります。

　受領拒否の禁止とは、下請事業者から製品等の給付があった場合に、親事業者が給付を受け取らないことを禁止するものです。これに対して返品の禁止とは、親事業者が下請事業者から製品等の給付を受けた後に、その製品等の下請事業者への返品を禁止することをいいます。

　下請事業者の責任で納品が遅れれば、納期に遅れたという下請事業者の責めに帰すべき事由を理由として、下請事業者からの製品等の受領を拒絶することは可能です（親事業者による無理な納期指定があった場合を除く）。しかし、下請事業者の責任で納期に遅れていたとしても、親事業者が下請事業者からの給付を受け取れば、親事業者は下請事業者の給付が納期に遅れていた事実を許すことになります。その後に納期に遅れたことを理由として、製品を下請事業者に返品することはできません。

■ 返品の禁止と受領拒否の禁止との違い

受領拒否の禁止

下請事業者：「注文を受けて制作した製品をもってきました。」
親事業者：「受け取りたくありません。」

返品の禁止

下請事業者：「注文を受けて制作した製品は、親事業者に渡しました。」
親事業者：「既に受け取っている製品を返します。」

● 返品は認められない場合も多い

「下請事業者の責に帰すべき理由」があれば親事業者による返品は可能です。しかし、だからといって親事業者による返品が容易に認められるというわけではありません。

まず、当初の委託内容が明確でなく、下請事業者の製作した製品等が委託内容に反するものであるかどうかの判断が難しい場合には、返品はできません。

また、親事業者が恣意的に下請事業者の製作した製品の検査基準を厳しくして、欠陥があるまたは委託内容と異なるとして、下請事業者に落ち度があるとみなし、その製品を返品することはできません。親事業者による検査基準を恣意的に厳しくすることを認めてしまうと、結果的に親事業者による自由な返品を許すことになるからです。

● 受領後6か月以内なら返品可能なのか

親事業者が下請事業者から製品を受け取る際には検査を行います。この検査で不適合（欠陥や数量不足など）を発見して不合格とした製品は、直ちに下請事業者へ返品する必要があります。検査によって製品の不適合を発見し、すぐに返品することが可能であれば、直ちに返品しないと、後から返品はできなくなります。

これに対し、親事業者が検査している場合であっても、検査を文書によって下請事業者に委託している場合であっても、製品について直ちに発見することが難しい不適合があり、その不適合が後に発見された場合には、親事業者が下請事業者から製品を受領してから6か月以内であれば返品が可能です。また、検査を文書によって下請事業者に委託しており、下請事業者の検査に明らかなミスがある場合も、親事業者が製品を受け取ってから6か月以内であれば返品が可能です。

9 買いたたきについて知っておこう

不当に下請代金を低く抑えてはいけない

● 買いたたきとは

　買いたたきとは、親事業者が下請事業者に対して、通常の対価と比べて著しく低い価格で発注することをいいます。

　たとえば、製品の原料の価格が高騰しているにもかかわらず、下請代金の額を据え置くことは買いたたきに該当します。

● なぜ禁止されているのか

　買いたたきの禁止は、親事業者が下請事業者よりも立場が強いことを利用して、不当に低い下請代金で下請事業者に発注することを防ぐための規定です。これに対して、下請代金の減額の禁止（212ページ）は、いったん決まった下請代金を減額することを禁ずるものです。つまり、買いたたきは委託契約を締結する段階での問題、下請代金の減額は委託契約を締結した後の問題という点で、両者の禁止は異なります。

● どのような基準で判断されるのか

　買いたたきに該当するかどうかは、「通常支払われる対価」と比べて、「著しく低い下請代金の額を不当に定め」ているかどうかで判断します。

　「通常支払われる対価」とは、同種または類似の取引をする場合の一般的な取引価格のことをいいます。下請事業者が活動している地域や業種から、通常どれくらいの価格で取引が行われているかを判断します。

　「著しく低い下請代金の額を不当に定め」ているかどうかは、通常

の対価とどれくらい差があるか、原材料の価格、親事業者と下請事業者が価格について十分な協議を行ったかといった事情を考慮して判断します。特に、親事業者と下請事業者が十分な協議を行っていたかどうかという点は重要です。下請事業者は親事業者の意向に反しにくいという立場にいるので、下請事業者の申し出がなくても、下請事業者との協議の場を設けることは必要です。

● 下請代金が著しく低い場合は

買いたたきを行うと、公正取引委員会から勧告が行われます。また、下請代金が低いために当初の契約の通りに下請業者が契約を履行することが難しい場合には、信義則を根拠とする契約の解除が認められるケースもでてきます。

親事業者としては、下請事業者と十分な協議を行い、下請事業者に不当な不利益を与えない価格設定をする必要があるといえます。

● 履行しない場合には債務不履行となるのか

買いたたきにあった場合に、下請事業者が契約通りに製品の製造をしなければ債務不履行になるのでしょうか。

まず、親事業者から下請代金を著しく安くするよう求められたとしても、個別の契約を締結していなければ、製品の製造等を行う必要はありません。契約を締結していない以上、下請事業者は何の債務も負っていないので、債務不履行にはなりません。

しかし、個別の契約を締結した場合には、その契約の締結に際して親事業者による買いたたきがあったとしても、契約通りに履行しなければ債務不履行責任を問われる可能性があります。買いたたきに対しては弁護士や中小企業庁に相談して対策を練ることが必要です。

10 購入・役務の利用強制について知っておこう

無理やり購入や利用をさせてはいけない

● どんな場合なのか

　親事業者が下請事業者に対して、正当な理由がないのに、親事業者の指定する商品を購入させ、または役務を提供させることは下請法によって禁止されています。

　親事業者は、下請事業者と比較して強い立場にあります。親事業者が商品の購入や役務の提供を下請事業者に強要すれば、下請事業者は親事業者に指定された商品を購入し、または役務の提供を受けざるを得ません。しかし、下請事業者からすれば、不要な商品の購入や役務の提供を余儀なくされたことになるので、無用な出費となってしまいます。

　そのため、親事業者が下請事業者に、自己の指定する商品を購入させ、または役務を提供させることは、原則として禁止されています。

● 自己の指定する物や役務とは

　「自己の指定する物」は親事業者や親事業者の子会社が販売している物はもちろん、第三者が販売している物であっても親事業者が指定する物はすべて含まれます。物の種類も、動産・不動産を問わず、親事業者が指定した物であれば「自己の指定する物」にあたります。

　「自己の指定する役務」も同じように考えます。親事業者だけではなく、第三者が提供しているサービスであっても、親事業者が指定したサービスであれば「自己の指定する役務」にあたります。役務の内容も限定がなく、他人のために行うサービスなど一切のものが含まれています。たとえば、親事業者が、取引価格への消費税率引上げ分の

上乗せを受け入れる代わりとして、下請事業者に対し、①親事業者が指定するパソコンを購入させることが「自己の指定する物」の購入強制にあたり、②親事業者が指定するディナーショーのチケットを購入させることは「自己の指定する役務」の購入強制にあたります。

● 強制して購入・利用させるとは

「強制して」物や役務を購入させるとは、下請事業者の自由な意思に反して物を購入させたり役務の提供を受けさせることをいいます。

たとえば、取引をする条件として物を購入させたり、物を購入しなければ取引を停止すると脅したりすることは「強制して」物を購入させることになります。また、親事業者の立場が強ければ、単に親事業者が下請事業者に物の購入を要求するだけでも、強制して物を購入させることになる場合もあります。

なお、正当な理由があれば、下請事業者に物を購入させ、または役務の提供を受けさせることは許されます。たとえば、製品の品質を維持するために、親事業者が下請事業者に特定の原材料を購入させる場合などが、正当な理由があるときに該当します。

■ 購入・役務の利用強制のイメージ

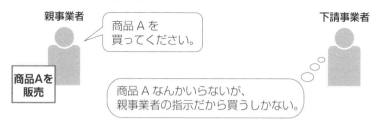

11 報復措置の禁止について知っておこう

通報されて報復してはいけない

● 報復措置とは

　報復措置とは、親事業者が支払遅延や下請代金の減額など下請法上禁止されている行為を行い、そのことを下請事業者が公正取引委員会や中小企業庁に報告したことを理由に、親事業者が下請事業者に対して、取引数量の制限や取引停止などの不利益を与えることをいいます。このような親事業者による下請事業者に対する報復措置は、下請法によって禁止されています。

　下請法が禁止している報復措置は、親事業者が下請法に違反する行為を行い、それを下請事業者が公正取引委員会や中小企業庁に報告したことに対して、親事業者によって行われる仕返し行為です。

　そのため、単に親事業者が下請事業者に対して不利益を与える行為は、下請法が禁止している報復措置には該当しません。

　ただし、報復措置に該当しないとしても、親事業者が下請事業者に不利益を与える行為は下請法によって規制されているものが多いので注意が必要です。たとえば、親事業者が注文した物品などの受領を拒むことは受領拒否として（206ページ）、親事業者が下請代金を60日以内の定められた支払期日までに支払わなかった場合には支払遅延として（210ページ）、親事業者が契約締結後にあらかじめ定めた下請代金を減らすことは下請代金の減額として（212ページ）、それぞれ下請法によって止されています。

　報復措置に該当しない場合にも、親事業者の行為が他の下請法の規定に違反していないかを検討することが必要です。

12 有償支給原材料等の対価の早期決済の禁止について知っておこう

下請事業者の資金繰りを苦しめてはいけない

● 早期決済はなぜ禁止されるのか

　製品の製造の際に、下請事業者が親事業者に対価を支払って入手する原材料のことを有償支給原材料といいます。親事業者が下請事業者に有償で製品の原材料を支給し、その有償支給原材料をもとに下請事業者が製品を製造する場合に、下請事業者の責めに帰すべき事由がないのに、下請代金の支払期日前に、下請事業者に原材料の代金を支払わせることは禁止されています。早期に原材料の支払を強要されると、下請事業者は支払いのために資金を融通しなければならず、その結果として資金繰りが苦しくなってしまう場合があるからです。そのため、下請代金の支払期日の前に、親事業者が原材料費の支払いを下請事業者に請求することは、原則として禁止されています。

● どのような行為が禁止されるのか

　ただし、下請事業者から親事業者への原材料費の支払い・精算は、通常は、親事業者に対する下請代金債権と原材料費の支払債務との相殺により行われます。そこで、有償支給原材料等の対価の早期決済の禁止との関係で、下請代金債権と原材料費の支払債務との相殺が規制されるパターンについて説明します。

　たとえば、4月1日に親事業者と下請事業者が製品の製造委託契約を締結し（契約Aとします）、契約Aに基づき、親事業者が原材料を下請事業者に販売し、下請代金の支払期日は6月1日に設定したとします。その後、5月1日に親事業者と下請事業者の間で別の製品の製造委託契約を締結し（契約Bとします）、契約Bに基づき、親事業者

が下請事業者に原材料を販売し、下請代金の支払期日は7月1日に設定しました。

このとき、契約Bに基づいて親事業者が下請事業者に支給した原材料費を、契約Aに基づいて6月1日に支払う下請代金から差し引くことはできません。これに対し、契約Aに基づいて支給した原材料費を、契約Aに基づいて6月1日に支払う下請代金から差し引くことは許されます。

● 下請事業者の責に帰すべき理由があれば別

下請事業者の責めに帰すべき理由があれば、下請代金の支払期日前であっても、原材料費を下請事業者に支払う金銭の中から差し引くなどして、早期決済をすることができます。

たとえば、下請事業者が、親事業者から支給された原材料を傷つけたり損失したため納入すべき物品の製造が不可能となった場合、不良品を製造した場合には、下請事業者の責めに帰すべき理由があることになります。このような下請事業者の行為がなされると、取引の中での下請事業者に対する信頼が失われることになるので、下請事業者の資金繰りを考慮する必要性がなくなります。

■ 有償支給原材料等の対価の早期決済の禁止のイメージ

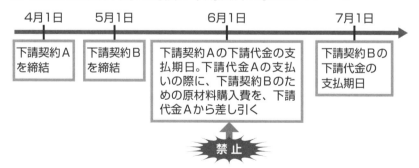

13 割引困難な手形の交付の禁止について知っておこう

手形での支払いには注意をする必要がある

● 割引困難な手形を交付することはなぜ禁止されているのか

　下請代金の支払いにつき、一般の金融機関による割引（手数料を差し引いた金額で換金すること）が困難な手形を交付して、下請事業者の利益を不当に害することは、下請法によって禁止されています。親事業者が、割引が困難な手形を用いて下請代金の支払いをすると、下請事業者が支払期日に金銭を入手することができず、下請事業者が不当な不利益を受けてしまう可能性があります。そのため、割引困難な手形による下請代金の支払いは禁止されています。

　手形が割引困難かどうかについて、公正取引委員会と中小企業庁は、振出日と支払日の間（サイト）が120日（繊維製品にかかる下請取引においては90日）を超える手形が割引困難な手形に該当するとしています。

　しかし、振出日と支払日の間が120日以内であれば必ず割引困難な手形にはならないというわけではなく、親事業者や下請事業者の信用力や金融機関との取引関係などの要素を考慮して、割引困難な手形かどうか判断します。なお、将来的にはサイトを60日以内にするよう努力すべきとされています。

　また、親事業者が下請事業者に割引困難な手形を交付し、それにより下請事業者の利益が害されたときに、親事業者は下請法による規制を受けます。親事業者から交付された手形が支払期日までに金融機関により割り引かれなかった場合には、「支払遅延」となりますので、「割引困難な手形の交付の禁止」は問題となりません。「割引困難な手形の交付の禁止」は、手形の割引をする際に、通常手形所有者が負担する以上の負担をして現金化したような場合に問題になります。

14 不当な経済上の利益の提供要請の禁止について知っておこう

金銭を提供させてはいけない

● 不当な経済上の利益の提供要請とは何か

親事業者が下請事業者に対して、販売協力金といった名目で金銭を提供させることは不当な経済上の利益の提供要請に該当します。金銭の提供ではないような場合、たとえば、下請事業者の従業員を親事業者のもとで働かせるようなケースなど、役務を提供させることも不当な経済上の利益に提供要請になります。

● どんな行為が禁止されているのか

下請法は、親事業者が自己のために、下請事業者に金銭や役務などの経済上の利益を提供させ、下請事業者の利益を不当に害することを禁止しています。

親事業者が下請代金を減額することは、下請代金の減額の禁止として規制されています（212ページ）。これに対して、不当な経済上の利益の提供要請の禁止というのは、親事業者と下請事業者との間で請負契約が締結されているかどうかは関係なく、親事業者が下請事業者に経済上の利益を提供させることを禁止しています。たとえば、親事業者が委託取引先の登録制を採用している場合に、登録をした下請事業者に対し、協定料などと称して現金の提供を要請することが禁止されます。

● どんな要件があるのか

親事業者が、自己のために下請事業者から経済上の利益を提供させ、下請事業者の利益を不当に害することが、下請法によって禁止されて

第7章　下請法のしくみ　227

います。

「自己のために」とは、親事業者に直接利益を提供させる場合はもちろん、親事業者の関連会社に利益を提供させることも含まれます。

「経済上の利益」とは、協賛金や従業員の派遣など種類は問わず、下請代金とは別個の金銭や役務のすべてが含まれます。

「下請事業者の利益を不当に害する」とは、下請事業者にとって利益にならないことをいいます。通常は、下請事業者が親事業者に金銭等を提供しても、下請事業者の利益にはなりません。そのため、下請事業者が親事業者に金銭等を提供すれば、原則として下請事業者の利益を不当に害するものと判断されます。

● どんな効果があるのか

不当な経済上の利益の提供要請の禁止に違反した場合には、公正取引委員会が下請事業者の利益を守るための勧告を行います。たとえば、親事業者に対して、下請事業者から提供された金銭等の利益の返還が勧告されます。

また、民法の不当利得の規定に基づき、下請事業者は親事業者に対して提供した金銭等の返還を求めることができる可能性があります。

■ **不当な経済上の利益の提供要請の禁止の要件と効果**

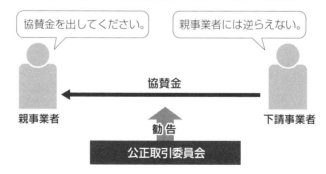

15 不当な給付内容の変更及び不当なやり直しの禁止について知っておこう

やり直しを強要してはいけない

● 不当な給付内容の変更とは

　不当な給付内容の変更とは、親事業者が、当初に下請事業者と取り決めていた契約や給付の内容を変更することや、発注自体を取り消すことをいいます。たとえば、製品の発注数を減らして下請代金の額を減らすことが、不当な給付内容の変更に該当します。

　下請法は、下請事業者に責任がないにもかかわらず、親事業者が自ら費用を負担することなく、下請事業者の給付の内容を親事業者が変更し、または発注を取り消して、下請事業者の利益を不当に害することを禁止しています。

　契約後に発注な内容変更や取消しがなされてしまうと、製品の製造工程を変更するなど下請事業者は余分な作業を行うことを強いられます。そのため、発注の内容変更や取消しをすることが原則として禁止されています。

● どんな要件があるのか

　「給付の内容の変更」とは、親事業者が当初の下請事業者との給付の内容を変更し、または発注自体を取り消して、当初予定していなかった作業を下請事業者に強いることをいいます。

　ただ、「下請事業者の責に帰すべき理由」があれば発注の内容変更や取消しは許されます。「下請事業者の責に帰すべき理由」がある場合とは、下請事業者の要請により給付内容を変更する場合や、下請事業者の製作した製品が当初の契約内容と異なったり、製品に欠陥がある場合のことをいいます。

「下請事業者の利益を不当に害する」という事情がなければ、発注の内容変更や取消しは許されます。たとえば、給付内容の変更に伴う費用を親事業者が負担するのであれば、下請事業者は不利益を受けることはないので、給付内容の変更が可能です。

● 不当なやり直しとは

　やり直しとは、親事業者が下請事業者から製品等を受領した後に、当初の請負契約の内容にはない作業を、下請事業者に追加で行わせることをいいます。給付内容の変更は、下請事業者からの給付の受領前の問題であるのに対して、やり直しは下請事業者からの給付を受領した後の問題になります。親事業者が下請事業者に対して、自ら費用を負担せずにやり直しを命じることは、下請事業者に余分な作業を強いるので、原則として禁止されています。

● どんな要件があるのか

　「下請事業者の責に帰すべき理由」がある場合や、「下請事業者の利益を不当に害する」という事情がなければ、親事業者がやり直しを命じることが許されるのは、給付内容の変更の場合と同様です。また、「やり直し」とは、前述したように、当初の予定ない作業を下請事業者に行わせることを意味します。

　不当なやり直しの禁止に違反すると、下請事業者の利益を守るために公正取引委員会から勧告が行われます。具体的には、下請事業者が負担した費用を親事業者が支払うといった勧告が行われます。

　また、親事業者が当初の契約内容を一方的に変更しようとすると、親事業者は損害賠償責任を負う可能性があります。

第8章

下請契約をめぐる
その他の法律問題

1 建設業には下請法の適用がない

独占禁止法と建設業法が適用される

● どんな法律が適用されるのか

　建設業は、建設工事の完成に対して対価が支払われる請負業です。建設業では、元請・下請といった言葉がよく使われることからもわかるように、1つの仕事について複数の事業者が関わって行う形態が多いといえますが、元請であるか下請であるかは関係なく、建設工事に関わるこれらのすべてが「建設業」に該当することになります。

　建設業者が下請を行ったとしても下請法は適用されません。建設業者が下請を行った場合には建設業法と独占禁止法が適用されます。建設業に関する取引は建設業法で細かく規制されているので、建設工事の下請取引については下請法ではなく建設業法の適用を受けることになります。建設業者が建設業法に違反する行為を行い、その行為が独占禁止法の不公正な取引方法に該当する場合には、国土交通大臣や都道府県知事は公正取引委員会に対して必要な措置を講じるよう求めることができます。この要求を受けた公正取引委員会は、不公正な取引方法に該当する行為を行っている建設業者に対して、違反行為の差止などを命令します。

● 下請契約とは

　下請契約は、建設業法で「建設工事を他の者から請け負った建設業を営む者と、他の建設業を営む者との間で当該建設工事の全部又は一部について締結される請負契約をいう」と定められています。建設工事を他の者から請け負った建設業を営む者を元請負人、他の建設業を営む者を下請負人といいます。

最初に発注者から工事を請け負った者が、元請負人として発注者と交わす契約を請負契約といいます。その後、元請負人が発注者として、一部の工事を下請に出す場合に、一次下請負人とする請負契約を下請契約といいます。

また、一次下請負人が元請負人として二次下請負人とする契約も同様です。つまり、下請契約とは建設業を営む者同士の請負契約のことです。また、元請負人として、下請契約を行うには、元請負人は建築業法の許可を受けなければなりません。

● 下請や一人親方を使うときの注意点

下請契約をする場合は、請け負った工事のすべてを下請にさせることはできません。いわゆる丸投げは禁止されています（ただし、公共工事および共同住宅を新築する建設工事を除き、発注者が書面で承諾した場合は、一括して下請に出すことが可能です）。また、工事金額についても注意が必要です。1件の請負代金が500万円以上の建築一式工事以外の工事を行う場合、建設業法上の許可がなければ工事を請け負うことができないため、一人親方に発注することが難しいケースも生じます。

● 建設業法に違反するとどうなるのか

建設業者が、建設業法及び他の法令に違反する行為等の不正行為を行った場合、監督行政庁により建設業法上の監督処分が行われます。

監督処分とは、不適正な者の是正を行い、又は不適格者を建設業者から排除することを目的として、行政上直接に法の遵守を図る行政処分です。間接的に法律の遵守を図る罰則とは違います。

建設業法上の監督処分には、①指示処分、②営業停止処分、③許可の取消処分の3種類があります。

指示処分とは、監督官庁が業者に不正行為を是正するためにしなけ

第8章　下請契約をめぐるその他の法律問題

ればならないことを命ずるものです。指示処分に従わないと営業停止処分になります。営業の停止期間は1年以内で、監督行政庁がその期間を決定します。

なお、刑法や、一括下請負禁止規定などに違反した場合には、指示処分なしに直接営業停止処分がかけられることがあります。この営業停止処分に従わない場合には建設業許可の取消処分になります。指示処分や営業停止処分の対象レベルでも、悪質とみなされた場合は、指示処分や営業停止処分を経ずに、直ちに許可の取消処分となることがあります。

● 指名停止措置や公正取引委員会の処分

指名停止措置とは、発注者が、競争入札参加資格登録をしている業者に対し、契約の相手方として不適当であると判断した場合、一定期間、競争入札に参加させない措置です。不適当な相手であるかどうかは、発注者が独自に要領や運用基準を定めて、それに従って判断しています。建設業法違反もそこに含まれる場合があります。

また、①不当に低い請負代金の禁止違反、②不当な使用資材等の購入強制の禁止違反、③下請代金の支払違反、④検査及び引渡し違反、⑤特定建設業者の手形による下請代金の支払違反、⑥特定建設業者の下請代金の支払期日違反、の建設業法違反がある場合、建設業者は、独占禁止法上の措置を受けることがあります（42条）。

● 下請取引に関する不公正な取引方法の認定基準がある

公正取引委員会は、建設業の元請負人の行為が不公正な取引方法であると認定するための基準を規定しています。次の①～⑩に該当する元請負人の行為は不公正な取引方法になるとされています。
① 下請負人が工事を完了してから正当な理由なしに20日以内に検査を完了しないこと。

② ①の検査によつて建設工事の完成を確認した後、下請負人の申し出があったのに、正当な理由なしに直ちに当該建設工事の目的物の引渡しを受けないこと。
③ 注文者から請負代金の支払いを受けたときに、正当な理由なしに注文者から支払を受けた日から起算して1か月以内に、下請負人に下請代金を支払わないこと。
④ 特定建設業者（規模の大きな工事を下請負人に発注できる建設業者）が注文者となった下請契約における下請代金を、②の目的物の引渡しの申し出の日から50日以内に支払わないこと。
⑤ 特定建設業者が注文者となった下請契約に係る下請代金の支払につき、②の目的物の引渡しの申し出の日から起算して50日以内に一般の金融機関による割引を受けることが困難な手形を交付し、下請負人の利益を不当に害すること。
⑥ 自己の取引上の地位を利用して、通常必要と認められる原価に満たない金額を請負代金の額とする下請契約を締結すること。
⑦ 下請契約の締結後、正当な理由がないにもかかわらず、下請代金の額を減額すること。
⑧ 下請契約の締結後、自己の取引上の地位を不当に利用して、建設工事に使用する資材等を指定し、これを下請負人に購入させることによって、下請負人の利益を害すること。
⑨ 建設工事に必要な資材を購入させた場合に、下請代金の支払期日より早い時期に当該資材の対価を支払わせ、下請負人の利益を不当に害すること。
⑩ 元請負人が①から⑨までに掲げる行為をした場合に、下請負人がその事実を公正取引委員会等に知らせたことを理由として、下請負人に対し不利益な取扱いをすること。

2 一括下請負の禁止について知っておこう

発注者の信頼を裏切り、業界の健全な発展を阻害する

● 一括下請負の禁止とは

　建設業法では、請け負った建設工事を、いかなる方法をもってするかを問わず、一括して他人に請け負わせてはならないと規定されています。一括下請負が行われると、発注者の受注者への信用を意味のないものにするおそれが生じます。建設工事の発注者が、受注者となる建設業者を選定する場合、さまざまな角度から当該建設業者を評価します。それにもかかわらず、受注した建設工事を一括して他人（下請業者）に請け負わせてしまうと、発注者の評価が意味のないものになってしまい、発注者は何を信用してよいのかがわからなくなってしまいます。

　なお、請け負った建設工事の全部又はその主たる部分を一括して他の業者に請け負わせる場合、一括下請負に該当します。

　また、請け負った建設工事の一部分であって、他の部分から独立してその機能を発揮する工作物の工事を一括して他の業者に請け負わせる場合も一括下請負に該当します。ただし、そのような場合でも、元請負人がその下請工事の施工に「実質的に関与」していると認められるときは、一括下請負に該当しません。

●「実質的に関与」とはどんな場合か

　一般的に、元請負人として自ら総合的に企画、調整及び指導を行っていれば、「実質的に関与」していると認められます。

　しかし、単に現場に技術者を置いているというだけでは「実質的に関与」しているとはいえません。技術者は、主体となって、総合的な

企画、調整及び指導を行っていなければなりません。

具体的に「実質的に関与」していると判断されるためには、施工計画の総合的な企画、工事全体の的確な施工を確保するための工程管理及び安全管理、工事目的物、工事仮設物、工事用資材等の品質管理、下請負人間の施工の調整、下請負人に対する技術指導、監督等を実際に行っていることが必要です。

◉ 一括下請負の禁止にも例外がある

一括下請負は禁止とされていますが、一括下請負が許されている場合もあります。「公共工事の入札及び契約の適正化の促進に関する法律」の適用対象となる公共工事は例外なく禁止ですが、民間工事については許されている場合があります。

一括下請負を行う前に、発注者から書面による承諾を得た場合です（その場合でも、共同住宅の新築工事については禁止です）。元請人は発注者から承諾を得ていれば一括下請負ができます。

この場合の発注者とは、建設工事の最初の注文者です。下請負人が請け負った工事について一括して再下請負で行う場合も、発注者の書面による承諾を受けなければなりません。

■ 一括請負の禁止

元請業者 →主要な部分の下請→ 下請業者
実質的な関与なし ✕

元請業者 →主要な部分の下請／企画、調整、指導→ 下請業者
実質的に関与 ◯

3 ガイドラインにはどのようなことが規定されているのか

請負代金を不当に低くしてはいけない

● ガイドラインには11項目の規定がある

　建設業法令遵守ガイドラインには、11項目が規定されています。規定されている内容について見ていきましょう。

① 見積り条件の提示

　建設工事の元請負人は、下請負人に見積りを依頼する場合には、工事の内容や契約条件を具体的に示さなければならないことが建設業法に規定されています。適正な下請負金の額を決定するためには、下請負人が十分な見積りをする必要があるためです。元請負人が下請負人に工事の内容を明確に示さないと、元請負人は建設業法違反となってしまう可能性があります。

　元請負人が下請負人に見積りを依頼する場合には、工事の名称、施工場所、下請工事の責任施工範囲、下請工事の工程、施工環境などの事項を、工事の内容として下請負人に提示する必要があります。また、これらの事項は、口頭ではなく書面を交付することが望ましいとされています。

② 書面による契約締結

　建設工事の請負契約を締結する当事者は、契約の内容を記載した書面（建設工事標準下請契約約款またはこれに準拠した契約書）を作成する必要があります。後に請負契約をめぐる紛争発生を防ぐため、契約書面は工事の着工前に作成しなければなりません。なお、書面に代えて電子契約（電子署名等を付した電子ファイル）によることも可能です。

　この書面には、工事内容、請負代金の額、工事着工の時期・工事完

成の時期、請負代金の支払方法、工事の施工により第三者に損害を与えた場合の賠償金の負担、工事完成後の検査の時期などについて記載する必要があります。また、一定規模以上の解体工事を行う場合には、分別解体の方法や、解体工事に必要な費用についても書面に記載しなければなりません。追加で工事を行う場合にも、その工事の内容を記載した書面を追加工事を行う前に作成しなければなりません。

③ **不当に低い請負代金**

元請負人は、自らの地位を不当に利用して、建設工事の施工に通常必要な原価に満たない程の金額で、下請負人と請負契約を締結してはいけません。

弱い立場にある下請負人は、不当に低い請負金額での請負契約の締結を強要されても、それを拒絶できず不利益を被る可能性があるため、不当に低い金額での請負契約締結は禁止されています。

「通常必要な原価」とは、当該工事の施工地域において、当該工事を行う際に一般的に必要と認められる直接工事費、間接工事費（現場管理費など）、一般管理費（給料など）を合計した価格を指します。

また、「自らの地位を不当に利用」とは、元請負人が下請負人よりも優位な地位にあることを利用することをいいます。たとえば、「元請負人が下請負人に対して、要求を受け入れなければ今後は取引を行わない」などと脅して、低い請負金額での請負契約を締結させることは、自らの地位を不当に利用していることになります。

④ **指値発注**

指値発注とは、元請負人が下請負人と十分な協議をせず、元請負人が指定する価格で下請負人に対して請負工事を受注するよう強いることをいいます。指値発注は、元請負人の立場が強く、下請負人が元請負人の指定する金額に対して反論できない場合に問題になります。元請負人の指定する金額が、工事に通常必要な原価に満たない場合には、建設業法違反となる可能性があります。また、指値発注をする際に、

下請負人に十分な見積期間を与えなければ、この点でも建設業法に違反する可能性があります。

⑤ 不当な使用資材等の購入強制

建設工事を行う際に、下請負人が元請負人から、建設工事に必要な資材等を購入するケースがあります。下請負人が自発的に元請負人から資材を購入する場合は別として、元請負人が下請負人に対して資材等の購入を強制することは禁止されています。

ただし、資材の購入先の指定は、請負契約の締結前に行われるのであれば、不当な使用資材等の購入強制に該当しません。請負契約の締結前であれば、下請負人は見積書に資材等の費用を反映させることができ、下請負人の利益を害さないからです。つまり、不当な使用資材等の購入強制は、請負契約の締結後に行われる場合に限られます。

また、下請負人が元請負人から資材等を購入することに反対していても、元請負人の資材の販売価格が当初の予定よりも安く、かつ、下請負人がすでに購入していた資材等の返却の問題が生じない（販売店との信頼関係が悪化しない）場合であれば、下請負人の利益が害されません。この場合は、請負契約の締結後であっても、元請負人が下請負人に資材等を購入させることが例外的に許容されます。

⑥ やり直し工事

下請負人の責に帰すべき理由がないにもかかわらず、元請負人が下請負人に対して工事のやり直しを命じることは、原則として禁止されています。元請負人が、下請負人の責に帰すべき理由がないにもかかわらず工事のやり直しを求める場合には、元請負人と下請負人との間で十分に協議をすることが必要です。また、下請負人の責に帰すべき理由がなければ、やり直し工事の費用は元請負人が負担しなければなりません。逆に、下請負人の責に帰すべき理由があれば、下請負人が費用を負担してやり直し工事を行います。

なお、「下請負人の責に帰すべき理由」とは、下請負人の行った工

事が事前にとりかわした契約書に明示された内容と異なる場合や、工事に契約不適合（欠陥など）がある場合のことをいいます。

⑦　赤伝処理

　赤伝処理とは、元請負人が下請負人に対して下請代金を支払う際に、振込手数料や建築廃棄物の処理に必要になった費用などの諸費用を下請代金から差し引くことをいいます。赤伝処理は、直ちに建設業法に違反するものではありません。しかし、赤伝処理をすることについて

■ **建設業法令遵守ガイドラインのまとめ**

① 見積条件の提示	元請負人は、下請負人に見積もりを依頼する場合には、工事の内容や契約条件を具体的に示さなければならない
② 書面による契約締結	契約当事者は、契約の内容を記載した書面を作成する必要がある
③ 不当に低い請負代金	不当に低い請負代金での請負契約の締結を禁止している
④ 指値発注	元請負人が下請負人と十分な協議をせず、元請負人が指定する価格で下請負人に対して請負工事を受注するよう強いること
⑤ 不当な使用資材等の購入強制	元請負人が下請負人に対して資材等の購入を強制すること
⑥ やり直し工事	下請負人の責に帰すべき理由がないにもかかわらず、元請負人が下請負人に対して工事のやり直しを命じること
⑦ 赤伝処理	元請負人が下請代金を支払う際に、振込手数料や建築廃棄物の処理に必要になった費用などの諸費用を下請代金から差し引くこと
⑧ 工期	下請人の責に帰すべき理由がないにもかかわらず、工期が変更になって、これに起因する下請工事の費用が増加した場合は、元請負人がその費用を負担する必要がある
⑨ 支払留保	下請負人が工事を完成し、目的物を元請負人に引き渡したにもかかわらず、元請負人が長期間に渡って下請代金を支払わないこと
⑩ 長期手形	元請負人が下請負人に対して、割引が困難な手形を用いて下請代金の支払いをすること
⑪ 帳簿の備付け及び保存	建設業者は、営業所ごとに営業に関する帳簿を備えて、5年間保存する必要がある

元請負人と下請負人の間で合意をしていない場合や、赤伝処理の内容を契約書の中で明示していない場合には、建設業法に違反する可能性があります。

⑧ 工期

工期に変更が生じた場合には、当初の請負契約と同様に変更契約を書面で締結する必要があります。また、下請負人の責に帰すべき理由がないにもかかわらず、工期が変更になって、これに起因する下請工事の費用が増加した場合は、元請負人がその費用を負担する必要があります。

⑨ 支払保留

下請負人が工事を完成し、目的物を元請負人に引き渡したにもかかわらず、元請負人が長期間に渡って下請代金を支払わないような場合には、建設業法に違反する可能性があります。

元請負人が注文者から請負代金の支払いを受けた場合には、その日から1か月以内に下請負人が完成させた建築物の部分に対応する下請代金を、元請負人は支払わなければなりません。

⑩ 長期手形

元請負人が下請負人に対して、割引が困難な手形を用いて下請代金の支払いをすることは、建設業法に違反します。

例えば、振出日から支払期日までの期間が120日以上を超えている手形は、割引困難な手形とされる可能性があります。

⑪ 帳簿の備付及び保存

建設業者は、営業所ごとに、営業に関する帳簿を備えて、5年間（平成21年10月1日以降については発注者と締結した住宅を新築する建設工事に係るものにあっては10年）保存する必要があります。その帳簿には、営業所の代表者の名前、注文者と締結した請負契約の内容、下請負人と締結した下請契約の内容といった事柄を記載し、契約書の写しなどを添付する必要があります。

4 独占禁止法の優越的地位の濫用との関係について知っておこう

下請法は、独占禁止法を補完している

● 独占禁止法とはどのような関係にあるのか

　第7章でもとりあげましたが、下請法は、親事業者が規模の小さな下請事業者と取引をする際に、一般的には弱い立場にある下請事業者を保護するため、親事業者の義務や禁止行為を定めた法律です。

　不当な返品や買いたたきなどは、親事業者の優越的地位を利用した不公正な取引として、独占禁止法においても規制の対象となります。しかし、独占禁止法によると、こうした「下請いじめ」が不公正な取引として認められるには、公正取引委員会の審査手続きによって個別の認定が必要になります。審査手続きによる解決には時間がかかり、手遅れになることもあります。また、親事業者と下請事業者の継続的な取引関係のマイナス要因となる場合もあります。親事業者との継続的な取引を悪化させることを心配するため、下請事業者が、親事業者の違反行為をあえて公正取引委員会や中小企業庁などに申告することは期待できないのが実情です。

　そこで、スピーディかつ効果的に下請取引の公正化と下請事業者の保護を図るため、独占禁止法による優越的地位の濫用規制（76ページ）を補完するものとして、1956年に制定されたのが下請法（下請代金支払遅延等防止法）です。適用対象の明確化や違反行為の内容・排除措置の内容の具体化によって、独占禁止法に比べて、手続が簡易になっており、迅速な対応が可能になっています。

● どんな場合なのか

　優越的地位の濫用行為に対しては、独占禁止法が適用されるのか、

下請法が適用されるのかという問題があります。この場合、下請法違反行為については、基本的には、独占禁止法の特別法である下請法が優先的に適用されると考えるのが順当な考え方だといえるでしょう。

独占禁止法違反行為に対する排除措置命令は違反行為の差止めなどが中心となっているのに対し、下請法における勧告では、下請事業者の受けた不利益の速やかな回復（原状回復措置をとること）が主な内容となっています。基本的には、親事業者が下請法に基づく勧告に従った場合は、独占禁止法上の措置をとる必要がないことから、独占禁止法の適用はないとされています。

ただし、親事業者の優越的地位の濫用に対して、下請法を適用するのか、独占禁止法を適用するのかは、最終的には、公正取引委員会の裁量ということになっています。

親事業者が下請法に基づく勧告に従わなかった場合について、下請法には罰則などのペナルティを科すという規定が設けられていません。したがって、親事業者に対して、勧告に基づく原状回復措置をとることを強制するのは難しいといえます。

しかし、下請法は、弱い立場の下請事業者を保護することこそが、制定の趣旨ですから、ただ黙って手をこまねいているわけではありません。親事業者が勧告に従わないときは、公正取引委員会の自らの裁

■ 優越的地位の濫用のイメージ

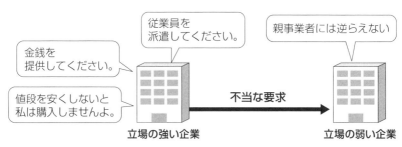

量によって、独占禁止法に基づく排除措置命令や課徴金納付命令が発令されることになると考えられます。

● 課徴金の導入について

133ページで解説したように、平成21年の独占禁止法の改正により、優越的地位の濫用についても、独占禁止法における課徴金制度の対象とされることになりました。下請法に定められている、購入の強制・利益提供の強制・受領の拒否・返品の強制・支払いの遅延・取引対価減額の強制・不当な取引条件の設定や変更などが、独占禁止法の条文に盛り込まれました。

また、このような優越的地位の濫用に対して、親事業者と下請事業者の取引による売上高の1％が課徴金として科せられることになりました。独占禁止法2条9項に規定される「不公正な取引方法」の5類型（課徴金の対象となる類型）として、①不当廉売、②共同の取引拒絶、③差別対価、④再販売価格の拘束、⑤優越的地位の濫用が規定されています。これら5類型については、①〜④の類型が繰り返し行う場合にのみ課徴金の対象としているのに対し、⑤の類型は継続的に行うものに限定されるものの、一度の違反でも課徴金の対象となるという違いがあります。①〜④の類型は違反行為による弊害が大きな場合には私的独占にも該当する可能性が高いため、基本的には私的独占による課徴金の対象とすれば足りるとされる一方、⑤の類型は、独占禁止法に定める私的独占には該当することがないため、⑤の類型のみ繰り返しを不要としたと言われています。

● ガイドラインとの関係について

公正取引委員会は、どのような行為が独占禁止法に違反するのかをわかりやすく具体的に示し、違反行為を未然に防止するためのさまざまなガイドラインを設けています。

たとえば、「大規模小売業者による納入業者との取引における特定の不公正な取引方法の運用基準」では、大規模小売業者（百貨店・スーパーの他、ホームセンター・衣料や家電などの専門量販店・ドラッグストアやコンビニエンスストアの本部など）による、そのバイイングパワー（強力な販売力を背景にした購買力）を利用した優越的地位の濫用行為を、効果的に規制するための運用基準が策定されています。

その中で、不当な返品・不当な値引き・不当な委託販売取引・特売商品などの買いたたき・特別注文品の受領拒否・押し付け販売・納入業者の従業員などの不当使用などについて、実態に即した具体的で事細かな基準を提示しています。

ガイドラインは、多数の違反行為の類型を取り上げていますので、下請法の違反行為の類型に当てはまらない場合などに、その考え方は大変参考になるといえます。

■ 独占禁止法違反のガイドラインについて

大規模小売業者（百貨店やスーパー等）に関するガイドライン

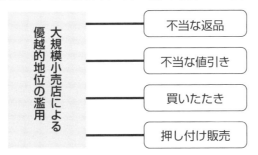

5 契約書の作成について知っておこう

トラブル防止のためには必要

● なぜ契約書を作成するのか

　契約は、双方の合意があれば原則として口頭の約束だけでも成立します。この点は下請契約においても同様です。ただ、口頭の約束だけで契約すると、どこからどこまでを仕事の内容とするか、納期は何月何日の何時であったか、代金はいくらで、いつ、どこに、どのような形で支払われるのかなど、細かい部分があいまいになりがちです。それでもお互いに納得のいく形で契約が履行されるのであれば問題はありませんが、このような場合、お互いが自分の都合のいいように解釈してしまいがちです。双方の理解にそごがあると、「言った言わない」の争いが起こる可能性が高くなります。特にビジネスの場においては、小さな勘違いが損害賠償請求といった大きなトラブルにもつながりかねません。このようなリスクを避けるため、契約の際には契約書を作成し、当事者双方が一部ずつ保管しておくのが一般的です。

● どんな規制があるのか

　下請業者が親業者から依頼を受けて作業する際、「とりあえず始めておいてくれ」「だいたいこれぐらいの金額でやってほしい」などあいまいな指示が出されたとしても、下請業者は立場上、「先に契約書を」「具体的な指示を」といった要求を出しにくいのが実情です。しかし、そのまま作業を進めてしまうと、簡単にキャンセルされてしまったり、予定していたより安い価格で買いたたかれるといったことが起こる可能性もあります。このような状況を受けて、下請法では、下請契約を締結する場合、親事業者から下請事業者に対して発注書面

第8章　下請契約をめぐるその他の法律問題

（3条書面）を交付することを義務付けています（3条）。つまり、下請契約の内容を書面によって明確にすることにより、立場の弱い下請業者が不当な扱いを受けないよう保護しようとしているわけです。

● 発注書面にはどんなことを記載するのか

　発注書面（注文書）の様式については、具体的な規定はありませんので、親事業者が自由に定めることができます。ただし、発注書面に記載すべき内容は、下請法3条で以下のように定められています。
① 　下請事業者の給付の内容
② 　下請代金の金額
③ 　支払期日及び支払方法
④ 　その他の事項

　これらの詳細については、公正取引委員会が定める規則（下請代金支払遅延等防止法第3条の書面の記載事項等に関する規則）で規定されています。また、書面にかえて電磁的記録（パソコンで作成した電子データ）を提供することも認められていますが、この場合には事前にどのような形で発注を行うかを下請事業者に提示するとともに、書面等によって下請業者の承諾を得ることが必要とされています。

● 記載事項や交付時期について

　公正取引委員会の規則で規定されている発注書面の記載事項には、以下のようなものがあります。
① 　親事業者及び下請事業者の商号・名称
② 　製造委託等（製造委託・修理委託・情報成果物作成委託・役務提供委託）をした日
③ 　下請事業者の給付（または役務の提供）の内容
④ 　下請事業者の給付を受領する（または下請事業者が役務を提供する）期日・場所

⑤　下請事業者の給付の内容について検査をする場合は、その検査を完了する期日
⑥　下請代金の金額・支払期日
⑦　下請代金の全部又は一部の支払につき手形を交付する場合は、その手形の金額及び満期
⑧　下請代金の全部又は一部を一括決済方式で支払う場合は当該金融機関の名称、当該金融機関から貸付け又は支払を受けることができる額、親事業者が下請代金の額に相当する金銭を当該金融機関に支払う期日
⑨　下請代金の全部又は一部を電子記録債権で支払う場合は当該電子記録債権の額、当該電子記録債権の支払期日
⑩　原材料等を親事業者から購入させる場合は、その品名、数量、対価及び引渡しの期日並びに決済の期日及び方法

　親事業者は、下請事業者に発注をした段階で直ちにこれらの内容を記載した発注書面を交付しなければなりません。ただし、発注の段階で内容が定められないことに正当な理由があると認められる場合は、決まっていない部分を記載せずに発注書面を交付することができます。なお、記載できなかった事項については、内容が決まった時点で直ちに当該事項を記載した補充書面を作成し、交付しなければなりません。

● 発注書面が交付されなかったときは

　親事業者が下請法3条の規定に反して発注書面を交付しなかった場合、50万円以下の罰金が科せられます（10条1号）。

　なお、親事業者が発注書面を発行しなかった場合でも、下請契約の成立そのものに影響はありません。たとえば親会社からの注文を受けて発注書面を受け取らないまま作業を行い、後になって親会社が「口約束をしただけで、発注書面を発行していないのだから契約は無効だ」などと主張することはできないということです。

書式　情報成果物の作成に関する発注書面

注　文　書

平成○年○月○日

_____殿

○○○株式会社

品名及び規格・仕様等

納　期	納入場所	検査完了期日

数量(単位)	単価(円)	代金(円)	支払期日	支払方法

○　本注文書の金額は、消費税・地方消費税抜きの金額です。支払期日には法定税率による消費税額・地方消費税額分を加算して支払います。

アドバイス　本書式は、下請法３条に基づいて親事業者が下請事業者に交付する一般的な注文書の書式例である。下請代金については、本体価格だけではなく、消費税の額についても明示する。また、下請代金から振込手数料を差し引く場合には、その旨を記載する必要がある。納入場所については、どの場所で受渡しをするかについて具体的に詳しく記載する。品名・規格・仕様については、下請事業者が作業内容を理解できるように記載し、必要があれば、別紙で図面などを添付する。検査完了期日については、年月日を記載することもでき、納品後○日といった形で記載することもできる。支払期日については、原則として年月日で記載する。「納品後○日以内」といった形での記載は認められていない。

書式　役務提供委託に関する発注書面

作　業　依　頼　書

　　　　　　　　　殿

〇〇〇株式会社

注文年月日	委託内容	委託期間(日)

場所	代金(円)	支払期日	支払方法

○　作業依頼書の金額は、消費税・地方消費税抜きの金額です。支払期日には法定税率による消費税額・地方消費税額分を加算して支払います。

アドバイス　役務提供委託とは、顧客へのサービスの提供を他の事業者に委託することをいう。下請代金については、本体価格だけではなく消費税の額についても記載し、振込手数料を下請代金から差し引く場合にはその旨を明示する。委託期間については、「〇月〇日から〇月〇日まで」というように具体的に記載する。また、場所の欄には、委託を行う場所について具体的に記載する。ただし、委託内容が「〇〇商品のサポート業務」というように、委託場所が特定できないものである場合には、場所の記載をする必要はない。

　支払期日については、原則として年月日を具体的に記載する。「サービス提供後〇日以内」というような記載は、支払期日が特定されていないので、認められない。委託内容の欄には、受託者（下請事業者）が委託された内容を理解できるよう詳しく委託内容を記載する。

書式　製造委託に関する発注書面

注　文　書

平成○年○月○日

_____ 殿

○○○株式会社

注番	注文年月日	納期	納入場所

品名・規格	数量(単位)	単価(円)	金額(円)

原材料 　先特　有償　無償	有償支給原材料の品名	原材料引渡日	数量(単位)	単価(円)	金額(円)

検査完了期日	支払期日	支払方法	有償支給原材料代金の決済期日及び決済方法

○　本注文書の金額は，消費税・地方消費税抜きの単価です。支払期日には法定税率による消費税額・地方消費税額分を加算して支払います。

アドバイス　製造委託とは、ある事業者が他の事業者に対して、製品の規格等を指定して物品（動産に限る）を製造する旨を委託することをいう。「有償支給原材料代金の決済期日及び決済方法」の欄には、有償で支給された原材料の代金の支払期日と支払方法を記載する。ここでは、「納品分の下請代金支払時にその使用原材料分を控除」という形をとることもできる。ただし、「毎月○日買掛金と相殺」というような記載は、有償で支給された原材料などを早期決済することの禁止との関係で有償支給材料の締切日があいまいになるので避けるべきである。下請代金については、本体価格だけではなく消費税についても記載する。納期や納入場所については、できる限り具体的に記載する必要がある。

6 下請についてのトラブル救済機関はあるのか

まずは行政機関等に相談をする

● 違反した場合の措置とは

　下請法では、親事業者に対し、発注書面の交付を含む４つの義務と、受領拒否や下請代金の支払遅延、返品、買いたたきなど11の禁止事項を定めています（204ページ）。

　このうち、発注書面の交付義務や書類の作成・保存義務に違反した場合には50万円以下の罰金が科せられます。また、禁止事項に違反していると認められる親事業者は、中小企業庁長官から規定に従って適当な措置をとるよう請求されたり、公正取引委員会からの勧告を受けることがあります。さらに、公正取引委員会は、必要に応じて親事業者や下請事業者に製造委託等に関する取引についての報告をさせたり、立入検査をすることができますが、その報告をしなかったり、虚偽の報告をする、あるいは検査を拒否するといったことを行った場合には、50万円以下の罰金が科せられます。

● 勧告について

　公正取引委員会は、親事業者が下請法に定められた禁止行為をしていると判断した場合、禁止行為の差止めや原状回復などの方法によって、「その状態を是正せよ」もしくは「再発を防止せよ」などといった内容の勧告をします。ここで言う「勧告」には、単に注意をするという意味合いだけではなく、正式な法的措置としての事実上の拘束力が認められています。

　まず、勧告を受けると、業者名や違反内容、勧告内容がインターネット上などで公表されます。また、勧告を受けた場合、親事業者は

改善報告書（もしくは計画書）の提出をしなければならず、勧告に従わない場合は独占禁止法に基づく排除措置命令や課徴金納付命令が行われる可能性があります。

なお、平成20年12月17日に公正取引委員会が公表した「下請法違反行為を自発的に申し出た親事業者の取扱いについて」によると、親事業者が下請法違反行為をした場合でも、次のような条件を満たす申告を行えば、公正取引委員会は勧告をしないとしています。
① 公正取引委員会が当該違反行為に係る調査に着手する前に、当該違反行為を自発的に申し出ている。
② 当該違反行為を既に取りやめている。
③ 当該違反行為によって下請事業者に与えた不利益を回復するために必要な措置を既に講じている。
④ 当該違反行為を今後行わないための再発防止策を講じることとしている。
⑤ 当該違反行為について公正取引委員会が行う調査及び指導に全面的に協力している。

● どんな方法が考えられるのか

何らかのトラブルが生じた場合、まずは当事者間で話し合うのが一般的な解決の方法ですが、下請契約に関してのトラブルの場合、親事業者と下請事業者という立場の違いから対等な話し合いができないのが実情です。このため、全国の公正取引委員会事務所には、下請事業者向けの通報・相談窓口が設けられています。下請事業者からの相談を受け、親事業者が下請法に違反する行為をしている可能性があると判断される場合、公正取引委員会は書面調査や立入検査などを行い、必要に応じて警告や勧告といった措置をとります。

一方、行政機関の介入によって違反行為が改善されたとしても、それだけでは問題がおさまらないときもあります。たとえば親事業者の

違法行為によって、下請事業者が多大な損害を被っていたような場合です。下請法の違反行為に対して行政機関が指導するのは、下請法という法律の規定の遵守だけで、その損害を補てんするよう親事業者に指示をするといったことは行いません。したがって、このような場合には弁護士などに相談をして損害を賠償するよう交渉を行い、場合によっては調停、訴訟提起などの手続をとることが必要になります。

◉ 他にトラブルを解決できる機関はないのか

　下請業者が抱える下請トラブルの解決機関としては、公正取引委員会や裁判所といった公的機関の他に、(公財)全国中小企業取引振興協会や日本弁護士連合会といった民間の機関が挙げられます。

　(公財)全国中小企業取引振興協会は、経済産業省中小企業庁の委託を受け、各都道府県に「下請かけこみ寺」という名称の相談窓口を設置しています。下請かけこみ寺では、相談員や弁護士が下請業者からの相談を受け付けています。また、裁判外紛争解決手続(ADR)により、問題の解決を図ることができます。

　ADRとは、裁判所ではなく民間の手によって行われるあっせんや調停、仲裁です。ここで双方が合意することができれば、裁判所よりも簡便・迅速に手続を進めることができます。ADRによる調停の費用は無料で、非公開で行われますので、当事者の負担は裁判よりも軽いと言えるでしょう。ただし、ADRのうち仲裁手続で提示された解決案には強制力が認められていますが、調停で提示された解決案には強制力がありません。

　日本弁護士連合会では、「ひまわり中小企業センター」という名称の中小企業向け相談窓口を開設しています。全国共通の専用ダイヤルに電話すると、各地の弁護士会に接続されます。

　また、各弁護士会にも「紛争解決センター」などの名称でADRを利用できる機関が設置されています。

【監修者紹介】
監修者代表
奈良　恒則（なら　つねのり）
中央大学卒業。平成11年第一東京弁護士会登録。平成18年KAI法律事務所創設。KAI法律事務所代表弁護士。

監修者
佐藤　量大（さとう　ともひろ）
東京大学卒業。平成25年東京弁護士会登録。同年KAI法律事務所入所。

髙橋　顕太郎（たかはし　けんたろう）
慶応義塾大学卒業。平成26年東京弁護士会登録。同年KAI法律事務所入所。

KAI 法律事務所
http://www.kailaw.com/

事業者必携
入門図解
最新　独占禁止法・景表法・下請法のしくみ

2017年10月10日　第1刷発行

監修者	奈良恒則
発行者	前田俊秀
発行所	株式会社三修社
	〒150-0001　東京都渋谷区神宮前2-2-22
	TEL　03-3405-4511　FAX　03-3405-4522
	振替　00190-9-72758
	http://www.sanshusha.co.jp
	編集担当　北村英治
印刷所	萩原印刷株式会社
製本所	牧製本印刷株式会社

©2017 T. Nara Printed in Japan
ISBN978-4-384-04765-3 C2032

JCOPY〈出版者著作権管理機構　委託出版物〉
本書の無断複製は著作権法上での例外を除き禁じられています。複製される場合は、そのつど事前に、出版者著作権管理機構（電話 03-3513-6969　FAX 03-3513-6979　e-mail: info@jcopy.or.jp）の許諾を得てください。